新时代高校教师专业化发展研究

其其格◎著

中国商业出版社

图书在版编目（CIP）数据
新时代高校教师专业化发展研究 / 其其格著.
北京 : 中国商业出版社, 2025. 6. -- ISBN 978-7-5208-3492-6
Ⅰ. G645.12
中国国家版本馆CIP数据核字第20257ST736号

责任编辑：常　松

中国商业出版社出版发行
（www.zgsycb.com 100053 北京广安门内报国寺1号）
总编室：010-63180647　编辑室：010-83114579
发行部：010-83120835/8286
新华书店经销
定州启航印刷有限公司印刷
*
710 毫米 ×1000 毫米　16 开　13.25 印张　200 千字
2025 年 6 月第 1 版　2025 年 6 月第 1 次印刷
定价：78.00 元
* * * *
（如有印装质量问题可更换）

前 言

新时代背景下，高校教师专业化发展已成为推动教育质量提高、适应社会发展需求的重要议题。随着信息技术的飞速发展，特别是数字化时代的到来，高校教师要引领学生适应复杂多变的社会环境，培养学生创新能力和解决实际问题的能力，高校教师的专业化发展成为促进高等教育改革和社会进步的关键驱动力。

高校教师是国家人才培养的重要力量，其专业化水平直接决定着高等教育的质量与社会效益。新时代对高校教师提出了更高的要求，他们需要在教学能力、科研能力、管理能力等方面实现全面发展。教师的专业化发展不仅关系到学生的发展，还关系到高校教育的整体改革和社会创新能力的提升。如何科学规划和促进教师的专业化发展已成为当前教育研究和实践的重要课题。专业化发展是教师个体的需求，更是高校教育可持续发展的内在动力。加强教师的职业认同感、增强其专业技能、优化其教学与科研能力能够增强教师的职业幸福感，进而激发他们对教育事业的热情和责任感。教师专业化发展还需要社会、高校和政府多方协作，共同营造支持性的环境和氛围。数字化技术的广泛应用为高校教师的专业化发展带来了全新的机遇，也提出了前所未有的挑战。数字化技术在教育领域的渗透改变了传统的教学模式与师生互动方式，推动了教育资源的开放共享和教育内容的深度整合。这一趋势要求高校教师具备较高的数字素养，能够熟练运用信息技术工具进行教学设计、课堂实践和教育研究。

全书共分七章，第一章为高校教师专业化发展概述，从内涵阐释和理论基础入手，分析了数字化技术对高校教师专业化发展的深远影响，为全书内容奠定了理论基础；第二章为高校教师专业化发展的基本理念，重点探讨了师德为先、以学生为中心、能力为重和终身学习等高校教师专业化发展的基本理念，这些理念为教师专业化发展提供了思想指导；第三章为高校教师专业化发展的目标诉求与动力机制，聚焦高校教师专业化发展的目标诉求与动力机制，从价值取向、实现方式、内外动力分析以及动力规律与提升措施等多个层面展开论述，揭示了教师专业化发展的深层次驱动力；第四章为高校教师专业化发展的主要模式与实现途径，探讨了高校教师专业化发展的平台支持、培训指导、自主发展和混合生成模式等主要模式与实现途径，提供了具体的实践路径；第五章为高校教师自主专业化发展探索，深入探讨了高校教师自主专业化发展的具体实践，包括身份认同、职业发展规划、知识结构、教学能力、科研能力和教学管理能力等方面，为教师个人的专业化发展提供了切实可行的路径和策略；第六章为高校教师专业化发展的学校支持，从学校支持的角度，分析了高校在推动教师专业化发展中的重要作用，并提出了具体的支持体系建设和策略建议；第七章为数字化趋势下高校教师专业化发展的优化路径，着眼于数字化趋势下高校教师专业化发展的优化路径，从顶层设计、高校数字化建设到教师数字素养，为新时代背景下的教师专业化发展提供了系统性的应对方案和实践路径。

本书以系统性和实践性为主要特色，理论与实践相结合，充分考虑新时代高校教师专业化发展的需求与现实困境。本书阐释了高校教师专业化发展的理论基础，还提出了一系列具有可操作性的策略，尤其是在数字化时代背景下，针对教师面临的新挑战和新机遇进行了深入探讨。

希望本书能够为新时代高校教师专业化发展提供理论支撑与实践参考，助力高校教育质量的全面提高，为社会培养更多高素质、创新型人才，为国家教育事业的发展贡献一份力量。

目录

第一章　高校教师专业化发展概述

第一节　高校教师专业化发展内涵阐释

对于高校教师专业化发展的内涵，各位学者有不同的理解。学者潘懋元认为，高校教师专业化发展可以是所有在职大学教师，通过各种途径、方式的理论学习和实践，使自己各方面的水平持续提高，各方面的素质不断完善。[①]学者李春燕、林海、袁虎廷等人认为，高校教师作为专业人员，为了完成教育教学任务，必须具备基本的专业素养，这种专业素养主要是指建立在专业理念与师德基础上的专业知识和专业能力。专业知识是教师为了履行教育教学职责所必须具备的知识，大致可分为学科知识、教育知识、学科教学知识和通识知识；专业能力主要包括教育教学能力、科学研究与创新能力、自我发展能力。[②]综合以上学者的观点可以看出，高校教师专业化发展是教师个体各方面知识和能力不断提高的过程。

① 潘懋元．大学教师发展简论：在第四届高等教育质量国际学术研讨会上的发言稿[J].国际高等教育研究，2007(1)：6-8.

② 李春燕，林海，袁虎廷，等．推进高校教师专业发展提高教师教育教学能力[J].中国大学教学，2013(4)：83-85.

高校教师专业化发展的内涵具体来说主要包括以下几个方面（表1-1）。

表 1-1　高校教师专业化发展的内涵

主要方面	详细内容
高尚的职业道德	涵盖关爱学生、忠诚学术与热爱教育事业等方面。其核心是公平对待学生、遵守学术规范、不断自我提高
丰富的专业知识	涵盖学科知识、教育理论知识、通识知识和实践知识，教师需掌握最新学科动态并有效融合多学科知识，在实践中积累经验，发挥个人智慧
出色的专业能力	涵盖教学设计、学术研究、事务管理等能力。教师需根据学生需求设计合理教学方案，积极参与学术活动，高效管理各项事务
健康的体魄和心理	身体健康和心理健康是教师从事高强度教学和科研活动的基础。教师需定期锻炼并学会调节压力，以保证职业的持续性与稳定性

一、高尚的职业道德

教师职业道德是指教师和一切教育工作者在从事教育活动中必须遵守的道德规范和行为准则，以及与之相对应的道德观念、情操和品质，是教师从业之德，是一定社会或阶级对教师这一群体的道德要求。① 职业道德是教师专业化发展的核心，也是决定教师职业素养的关键因素。高校教师应具备高尚的职业道德，具体分为以下几个方面。

第一，对学生的关爱与责任感。教师是知识的传播者，也是学生成长道路上的引导者，要做到一视同仁、公平对待每一位学生。在教学过程中，教师要充分激发学生的学习动力，对学生进行合理引导，帮助他

① 肖黎明．新时代教师专业发展［M］．南昌：江西高校出版社，2020：43.

们树立正确的世界观、人生观和价值观。教师还要多关注学生的日常生活和心理健康，为他们排忧解难，建立良好和谐的师生关系。

第二，对学术的忠诚与坚守。教师是学术的传承者和创新者，要严格遵守学术规范，杜绝学术不端行为。在学术研究中，教师要保持严谨、客观、公正的态度，推动学术的进步和学术领域的健康发展。

第三，对教育事业的热爱与奉献。教师是教育事业的推动者，具有不断追求自我提高和终身学习的精神。在教学实践中，教师要不断提高自己的教学水平与学术能力，更好地承担起育人的重任，回报社会对教育事业的信任与支持。

二、丰富的专业知识

丰富的专业知识是高校教师专业化发展和进行科研创新的基础，是其核心竞争力的体现，通常包含以下四类知识。

第一，学科知识。高校教师需要具备扎实的学科知识，对所教授学科的内容能够深入理解和掌握。为适应日益复杂的教学需求，教师不仅要熟悉学科的理论知识，还要具备较强的跨学科知识融合能力，能够从多个角度分析学科知识的应用价值。教师在教学过程中，要善于积累经验，灵活运用所学的学科知识来丰富课堂教学内容、增强课堂教学的效果。教师还要关注学科领域的最新动态，积极更新自己的知识储备，将前沿学科研究成果引入课堂，培养学生的创新思维。

第二，教育理论知识。高校教师需要具备教育学、心理学等方面的教育理论知识。教育学方面的理论知识能够帮助教师把握教育教学的内在规律，在先进理念的指导下有针对性地开展教学，促进教学效果的增强。心理学方面的理论知识能够帮助教师熟悉学生的心理，掌握学生心理活动发展的规律，以便更好地组织教学活动和指导学生的学习生活。

第三，通识知识。高校教师应涉猎广泛，具备社会科学、自然科学、人文知识、艺术素养等方面的通识知识，以便于教学工作开展。宽广的知识面有助于教师在与学生的交流与互动中满足学生的好奇心和求知欲，对他们产生积极的影响。

第四，实践知识。实践知识来源于教师在长期职业实践中的积累，凝聚了其处理教学问题的个人智慧。拥有丰富的实践知识的教师通常具备更强的理论与实践相结合的能力，这对于增强教学效果和促进教师专业素养的发展具有重要作用。

三、出色的专业能力

专业能力是高校教师在教学和科研工作中取得成功的关键。一般来说，高校教师的专业能力主要包括教学设计、学术研究、事务管理等多方面的能力。

第一，教学设计。高校教师要掌握现代教学理念与方法，能够根据不同学生的需求设计合理的教学方案。教师在教学过程中，应在传授知识的同时，引导学生思考，培养他们独立思考与解决问题的能力。通过精心设计的教学方案，教师能够提高课堂教学的有效性，激发学生的学习兴趣，促进学生的全面发展。

第二，学术研究。高校教师科研能力的强弱直接关系到其职业发展和学术领域的成就。高校教师要善于利用高校的科研平台等相关资源，积极参与科研项目、学术交流会，不断提高科研水平，推动自己在学术领域的发展。

第三，事务管理。高校教师需要具备较强的组织协调能力，能够高效地管理学生事务、教学活动以及学术活动等，以便更好地协调教学与科研任务，实现职业生涯的全面发展。

四、健康的体魄和心理

健康的体魄与心理是高校教师专业化发展的基础保障。高校教师长期承担着繁重的教学任务，承受着巨大的科研压力，只有保持身体健康和心理健康，才能够有效应对各种挑战，确保职业发展的持续性与稳定性。高校教师常常需要长时间地站立讲课，同时兼顾科研、学术交流等多项工作任务，这对其身体素质提出了较高的要求。健康的身体能够帮助高校教师更好地应对工作，提高工作效率。高校教师还常常面临教学质量的评估、科研项目的进展以及学生管理中的复杂问题等多重压力，这些压力如果不能得到有效的缓解，就有可能对心理健康产生负面影响，进而影响其职业表现与发展。因此，保持心理健康和学会调节职业压力是高校教师在专业化发展过程中不可忽视的关键能力。

高校在支持教师专业化发展的过程中，应该为教师提供定期的体检、心理健康辅导等全面的健康保障措施，使其保持良好的身体和心理状态。这能够有效提高教师的职业幸福感，促进其职业生涯的持续发展。

第二节　高校教师专业化发展的理论基础

高校教师专业化发展的理论基础包括专业化发展阶段理论、需求动机理论、学习理论等。这些理论能够为高校教师专业化发展提供系统性的指导，促进教师教学水平和科研能力的提高，最终使教师实现自我价值的提高和社会贡献的最大化。

一、专业化发展阶段理论

高校教师专业化发展是一个动态化、持续化的过程，需要经过多个阶段的发展，不同的阶段有着不同的发展特征和发展需求。以下是三种主要的专业化发展阶段理论（图 1-1）。

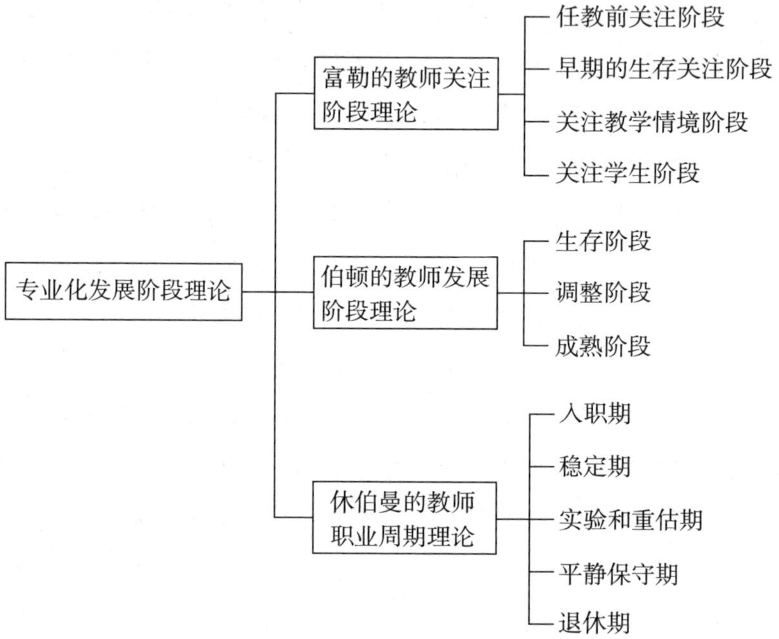

图 1-1　专业化发展阶段理论

（一）富勒的教师关注阶段理论

费朗斯·富勒（France F. Fuller）在对职前教师的研究过程中发现，教师所关注的事物会依据一定的次序进行更迭，并经历如下发展阶段。①

1. 任教前关注阶段

这一阶段的教师还处于接受师范教育的时期，仍扮演学生角色，还没有向教师角色进行转化。他们的教育教学方面的实践经验比较缺乏，主要关注自身的各方面情况，而对即将从事的教学工作关注较少。

① FULLER F F. Concerns of teachers: a developmental conceptualization[J]. *American and Educational Research Journal*, 1969, 6(2): 207-226.

2. 早期的生存关注阶段

这一阶段的教师已经基本完成从学生角色向教师角色的转化，对于初次接触教育教学工作的他们来说，关注的主要问题是能否胜任教师工作以及作为一名教师该如何在新环境中“生存”。对班级的管理、教学活动的开展、教学内容的掌握都成为这一阶段的新手教师的关注重点。此外，他们也会关注学生对自己的接纳、同事和领导对自己的评价等方面，会花费较多精力来处理与学生、同事、领导之间的关系。处于早期生存关注阶段的新手教师由于对新的角色和环境还不太适应，一般会承受比较大的压力，容易出现焦虑和紧张心理。

3. 关注教学情境阶段

这一阶段的教师已经完成从学生角色向教师角色的转化，开始重点关注教学活动的准备、教学方法的运用、教学技能的提高等教学情境中遇到的问题；还会比较关注教学任务的完成情况、教学评价的开展以及如何提高班级凝聚力等方面的问题。总的来看，处于此阶段的教师对学生的关注度还不是太高，更关注自己的教学表现。

4. 关注学生阶段

经过前几个阶段的发展，这一阶段的教师已经学会了应对生存需求，提高了教学技能，也积累了一定的教学经验，因此，学生逐渐成为他们关注的焦点。此阶段的教师开始关注学生的学习、生活、情感需要等各个方面，并且能够认识到学生之间的个体差异，针对学生的实际情况来开展教学。

（二）伯顿的教师发展阶段理论

伯顿（Paul R. Burden）提出了教师发展阶段理论，将教师的专业化发展划分为生存阶段、调整阶段、成熟阶段三个阶段。①

1. 生存阶段

此阶段通常指教师从事教师职业的第一年。在这一阶段，教师由于刚刚踏入新环境，教学经验不足，在教学活动的开展和课堂的掌控等方面都表现一般。此阶段的教师处于职业生涯的适应期，比较关注班级经营、学科教学、教学技巧改进、教具使用等方面，需要尽快了解所教的内容、组织教学材料、制订课程计划与单元计划，做好各方面的教学工作；虽然已开始关注学生并能与他们和睦相处，但仍缺乏信心，表现出较大的不稳定性。

2. 调整阶段

此阶段通常指教师从事教师职业的第二到第四年之间。这一阶段的教师已经逐渐适应了教师这一角色，面对工作的压力有了一定的应对方法，在知识储备和教学经验方面有了一定的积累；并且开始注意到学生需求的多样性和复杂性，能从师生互动的角度来调整自己的教学工作，在教学方法和教学技巧方面寻求创新。这一阶段的教师变得较为自信，注意到了教师与学生之间的关系的协调，从教的意愿也变得较为坚定，能够做到关心学生并且感到自己比以往更有能力满足学生各种不同的需求。

3. 成熟阶段

此阶段通常指教师从事教师职业的第五年或者第五年以后的阶段。这一阶段的教师具有丰富的教学经验，对教学活动也已经驾轻就熟，对教学任务、教学环境以及学生的需求等方面都有了充分的了解。因此，这个阶段的教师能够得心应手地处理教学过程中发生的事情，协调与上

---

① BURDEN P R. Developmental supervision: reducing teacher stress at different career stages[C]//Association of Teacher Educators Annual Meeting. Phoenix: Association of Teacher Educators, 1982: 1-17.

级、同事之间的关系，并且更加注重师生之间的交流，能够适应学生的需求，给予学生更多的关心。总的来说，处于该阶段的教师已经逐渐形成了自己的专业见解，确定了自己在教师专业化发展中的位置。

（三）休伯曼的教师职业周期理论

休伯曼（M. Huberman）对教师专业化发展的研究更加具体和细致，他将教师职业生涯划分为入职期、稳定期、实验和重估期、平静保守期、退休期五个阶段，并对每个阶段面临的压力和需求进行了分析。[①]

1. 入职期

入职期一般是指教师生涯的第一至三年，这一时期也被称为求生和发现期。在这一时期，教师对职业充满了复杂的感情，一方面，由于初为人师，教师对自己的班级和学生充满了积极和热情；另一方面，由于刚刚进入新环境，教师不能很好地适应课堂上出现的各种突发情况，既想要尽快步入教师职业的正轨，又对自己能否胜任教师这一职业充满怀疑。这一时期，教师主要关注如何更好地完成教学任务，并获得同事与学生的认可。

2. 稳定期

稳定期一般是指教师生涯的第四至六年。这一时期的教师已经逐渐适应了自己的工作，对自己的职业投入了热情，对课堂教学能够轻松自如地驾驭，此时，他们的关注点逐渐转向如何提高教学质量、完善教学策略以及提高学术研究的能力。稳定期是教师个人成长与专业化发展的关键阶段，如何有效地规划自身职业发展路线成为教师在此阶段的重要任务。

① HUBERMAN M. The professional life cycle of teacher[J]. *Teachers College Record*, 1989, 91(1): 31-57.

3. 实验和重估期

实验和重估期一般指教师生涯的第七至第二十五年。这一时期的教师随着教育教学知识的积累和教学经验的丰富，开始对教育教学方面的各项工作进行改革和创新，不断挑战自我。随着这种改革愿望的持续落实，教师的职业动机不断增强、职业志向水平不断提高，许多教学上的新思路、新方法随之涌现，因此对于教师来说，该阶段是一个求变、改进、创造的时期。

4. 平静保守期

平静保守期一般指教师生涯的第二十六至三十三年。这一时期，经过了对教育教学的创新与对教师职业的反思和重估，教师的工作慢慢进入了平静发展阶段。此阶段的教师拥有丰富的教学经验和教学技巧，具备了较强的教学能力，会更积极地参与学术管理、课程改革和学术交流等活动。这一时期，教师的关注点通常从个体成就转向对教育事业的长期贡献。

5. 退休期

退休期一般指教师生涯的第三十四年之后。这一时期是教师职业生涯的结束时期。

二、需求动机理论

高校教师专业化发展涉及的需求动机理论主要包括以下几种重要的理论（图 1–2）。

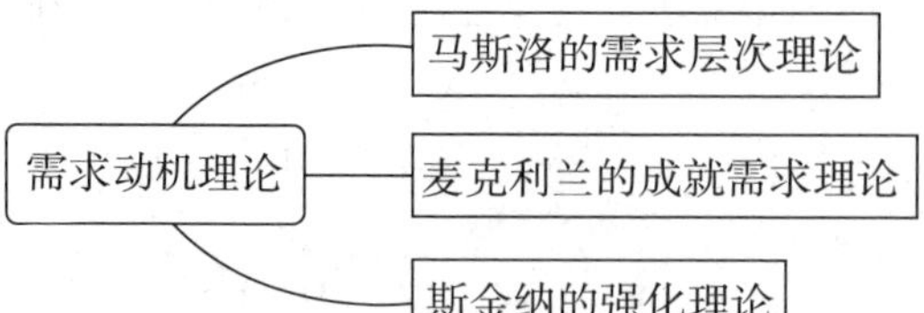

图 1–2　需求动机理论

（一）马斯洛的需求层次理论

心理学家亚伯拉罕·马斯洛（Abraham Harold Maslow）的需求层次理论为高校教师的专业化发展提供了重要的心理学视角。根据这一理论，个体的需求从低级到高级依次为生理需求、安全需求、社交需求、尊重需求和自我实现需求。生理需求、安全需求、社交需求、尊重需求属于基本需求，自我实现需求属于发展性的需求，人只有在基本需求得到满足后，才能进一步去追求发展性的需求，实现个体健康成长和自我价值实现。

对于高校教师来说，其专业化发展过程正是满足这些需求的过程。教师的基本需求主要包括职业稳定与安全感，教师在这一层次上希望获得稳定的工作环境和合理的薪酬待遇。满足了这一基础需求后，教师才可能专注于自身职业发展的更高层次。教师更高层次的需求一般表现为职业尊严和社会认可，在这一阶段，教师希望通过自己的教学成果和学术研究获得各方的认可，并通过职业发展获得社会地位与成就感。教师最终的追求是自我实现，即通过教学与科研实现自身的价值，获得成就感与满足感，推动自己的专业化发展、学科的发展和学生的成长。

需要注意的是，高校教师专业化发展中各种需求是交叉在一起的，并不都是按照金字塔层次的顺序来排列的；教师个体在某一个发展阶段也不一定只有一种需求，可能会产生多层次的需求。高校应采取有效措施激发教师的工作和学习热情，推动高校教师专业化工作的开展。

（二）麦克利兰的成就需求理论

心理学家戴维·麦克利兰（David C. McClelland）的成就需求理论也称为激励需求理论，他认为在人的生存需求得到基本满足后，会产生成就需求、情感需求、权力需求等三种需求。

成就需求是指个体有卓越的目标追求，通过挖掘自身潜能形成强烈的内在驱动力。有强烈成就需求的人在工作与学习中具有较强的自主意识，能够以饱满的热情和积极的态度投入工作和学习中，更高效地完成任务，达到所期望的效果，取得成功。情感需求也称归属需求，是指个体希望被群体接纳，建立融洽友好的人际关系的愿望和需求。有强烈情感需求的人通常希望能够融入集体，获得他人的接纳和认可，因此会主动规范自己的行为，使自己更符合群体的规范和他人的期望。具体有以下特点：渴望与别人建立友谊，希望在注重合作的环境中工作；更倾向于获得同事、伙伴的理解，希望加强沟通，互相接纳与认可。权力需求是指个体希望通过努力工作和学习获得出色的成就，并拥有一定的地位和威信，能够对他人产生影响和控制力的愿望。有强烈权力需求的人喜欢具有竞争性和挑战性的工作，通过努力完成这些工作获得满足感和成就感，从而在团队中具有一定的话语权或引起其他人的重视，在群体中形成自己的威信和影响力。

（三）斯金纳的强化理论

心理学家伯尔赫斯·弗雷德里克·斯金纳（Burrhus Frederic Skinner）提出的强化理论认为人或动物都具有逐利性，为达到某种目的会采取相应的行动。行为结果会对个体的行为产生反作用：当行为结果对个体有利时，这种行为出现的频率会增加，并可能反复出现；而当行为结果对个体不利时，这种行为就会减少甚至消失。这种现象在心理学中被称为强化，而能够影响行为出现频率的刺激物被称为强化物，人们可以通过控制强化物来达到对行为的控制。

斯金纳的强化理论将强化分为积极强化、消极强化和自然消退三种类型。积极强化是个体的某种行为能够产生好的结果，这种好的结果能够产生力量，将其行为向更好的方向推进。在高校教师专业化发展中，高校可以通过提高薪资、评职称、公开表扬等方式对教师的教学和科研加以肯定，形成积极强化，提高教师努力工作和实现个人发展的动力。消极强化是指预先告知某种不符合要求的行为可能会产生的不良后果，从而使个体按照所要求的行为方式来行事，避免不符合要求的行为所产生的不愉快的后果。斯金纳还强调了消极强化与惩罚的区别，认为惩罚是用某种带有强制性的、危险性的结果来消除某种行为重复发生的可能性，是压制行为；而消极强化是指能够促进个体遵守行为方式要求的发动行为。自然消退通常又称为衰减，是指对原来可以接受的某种行为进行强化的撤销。该行为在一定时期内不加以强化，就会自然下降并逐渐消退。

三、学习理论

理解并运用适当的学习理论有助于教师在教学实践中反思和改进自身教学方法，促进学生的全面发展。适当的学习理论包括人本主义学习理论、建构主义学习理论和终身学习理论（图 1–3）。

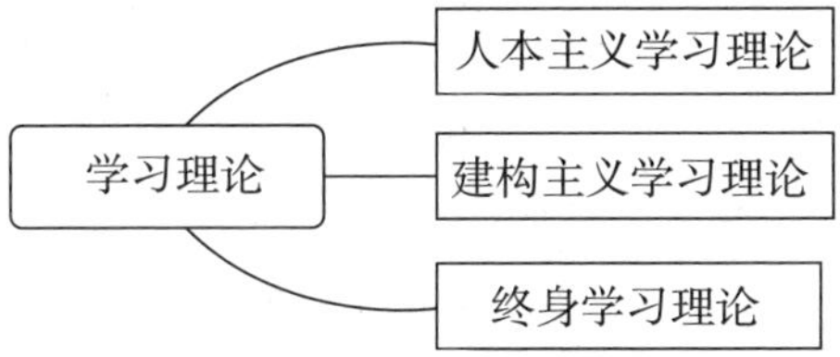

图 1–3　学习理论

（一）人本主义学习理论

人本主义学习理论主张以人为核心，注重人的潜能、创造力和自我实现。其理论基础来源于马斯洛等学者的思想，强调尊重个体的情感、经验和内在动力。在高校教师的专业化发展中，人本主义学习理论为教师提供了关注学生个性和自主性的指导原则，也影响了教师自身的职业发展。人本主义学习理论的框架下，教师的作用是帮助学生发现自我潜力，提供一个支持性的学习环境，鼓励学生主动参与学习并追求自我实现。这一理论强调教师应关注学生的个体差异，尊重学生的独特性，并通过建立积极的师生关系来促进学生的成长与发展。

对于高校教师的专业化发展而言，人本主义学习理论强调自我反思和内在动机。教师不仅需要具备深厚的学科知识和教学技能，还要重视自身的情感发展和职业认同。通过反思教学实践，教师能够更好地理解自己的教学风格和职业追求，促进教学效果的提高，并且在教学过程中注入更多的人性化关怀，这能够促进学生的个性化发展和创造力提高。人本主义学习理论指导下的教师专业化发展更加注重个性化和多样性。每个教师都有独特的职业成长路径，教师应在职业发展过程中充分发挥自主性，通过持续的学习和实践实现自我价值。这一理论还鼓励教师建立良好的自我效能感，即对自己职业能力的信任与信心，在教学过程中更加积极主动，推动自身的专业化发展。

（二）建构主义学习理论

建构主义学习理论强调学习是个体通过与环境的互动主动建构知识的过程，它摒弃了传统的“灌输式”教学模式，主张学习者通过自身的经验和反思来构建知识体系，学习者在知识建构过程中发挥着积极主动的作用。维果茨基（Lev Vygotsky）、皮亚杰（Jean Piaget）等教育学家是这一理论的主要代表。

建构主义学习理论对高校教师专业化发展的影响主要体现在以下两个方面。一是教学实践的设计。建构主义学习理论在教学实践中为教师提供了丰富的教学设计思路。教师应为学生创造一个充满挑战性和支持性的学习环境，使学生能够在实际操作中运用和建构知识。教师的任务不仅仅是单纯的知识传递，更是引导学生通过探究和合作完成知识的建构过程。教师应更多地使用互动式、合作式、探究式等教学方法，以促进学生进行自主学习和批判性思维能力的发展。二是教师的职业成长路径。对于教师的职业成长而言，建构主义学习理论强调通过实践进行反思与改进。教师的专业化发展并不是通过理论学习或培训一蹴而就的，而是通过长期的教学实践积累和自我反思来实现的。教学实践中，教师不断面对新的问题与挑战，应通过反思教学成效，调整教学策略，逐步形成个人的教学风格与教学理论。建构主义理论鼓励教师与同行进行合作与交流，共同探讨教学中的问题与解决方案，以实现教学经验的共享与创新。建构主义学习理论还提倡教师在职业成长中保持开放的心态，善于接受新的教学理念与技术，勇于尝试创新的教学方法。教师不仅仅是知识的传播者，更是知识的学习者，应通过不断更新和完善自己的知识体系，提高教学的有效性和创新性。

（三）终身学习理论

终身学习理论主张学习是一个贯穿整个人生的过程，任何个体都需要通过不断学习来适应社会的变化与发展，其理论基础来源于保罗·郎格朗(Paul Lengrand）等学者的思想。对于高校教师而言，终身学习是个人专业化发展的必要条件，也是提高教学质量和科研水平的关键手段。高校教师的专业化发展是一个持续的过程，教师作为知识的传播者和学术的研究者，需要不断更新自己的知识储备与教学技能，以适应快速变化的教育环境和学生需求。随着信息技术的飞速发展，高校教师还要具备较强的技术素养，能够有效利用数字资源进行教学和科研。

终身学习理论强调教师的学习不局限于正式的培训与教育，还包括教学实践中的反思与改进、与同行的学术交流、通过阅读文献获取学科前沿动态等各种形式的非正式学习。高校教师的专业化发展可以通过参加专业会议、进修课程、在线学习等多样化的学习方式来实现，教师在这一过程中，能够不断拓宽自己的知识领域，提高教学与科研的创新能力。教育环境处于快速变化之中，高校教师需要具备较强的自我规划能力，能够根据自身的职业发展需求制订合理的学习计划，并通过持续学习与实践提高自己的职业素养。只有具备这种调节能力，教师才能够在教学与科研中保持创新活力，促进职业成就感和幸福感的提高。终身学习理论对高校教师的专业化发展提出了更高的要求。教师不仅是教育的传递者，还应成为终身学习的践行者，通过不断学习与实践保持教学与科研的前沿性。高校应为教师提供更多的学习资源与支持，鼓励教师在职业生涯中不断追求卓越、提高自我。

第三节　数字化技术对高校教师专业化发展的影响

随着信息技术的飞速发展，数字化技术已经成为推动各行各业发展的重要力量，教育领域也不例外。在高等教育领域，数字化技术正在从多个方面推动高校教师的专业化发展，它改变了教师的教学与科研方式，拓展了教师的职业发展空间，为教师的职业发展提供了更多方向，成为新时代教师专业成长的必备条件。数字化技术对高校教师专业化发展的影响如图 1–4 所示。

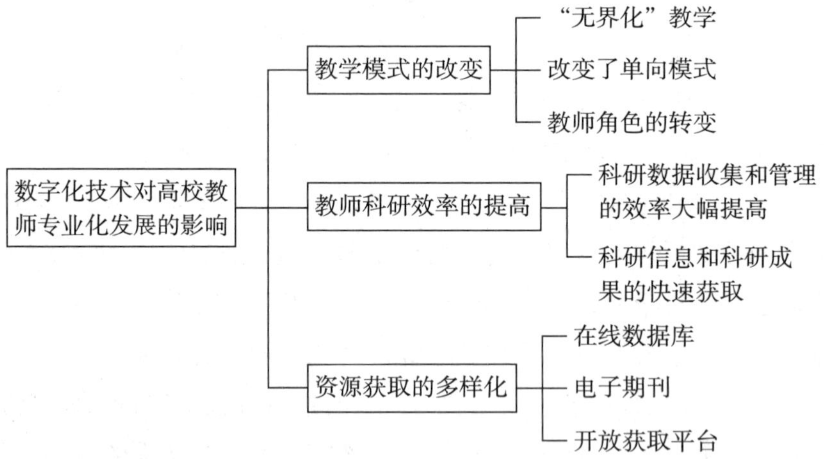

图 1–4　数字化技术对高校教师专业化发展的影响

一、教学模式的改变

数字化技术是高等教育领域变革的核心驱动力之一，它为高校教师提供了全新的教学工具和平台，使传统的教学模式得以改进。高校教师面临的教学环境日益多元化和复杂化，数字化技术的应用促使教学模式从以教师为主导的讲授式向以学生为中心的互动式、参与式转变。

传统教学模式中，教师和学生必须在同一时间、同一地点进行知识传授和学习，这种模式虽然有优点，但在知识更新快速、学生需求多样化的情况下就显得相对局限。数字化技术使线上学习、混合式学习等新的教学模式得以推广，教师可以借助网络平台实现“无界化”教学。线上教学平台、学习管理系统、实时互动工具等使学生可以随时随地参与学习，大大提高了教学时间和地点的灵活性，教师不再拘泥于固定的时间和空间，可以根据课程需求调整教学安排，为学生提供更加灵活和个性化的学习体验。

过去的教学主要依赖于课本、讲义等静态资源，而数字化技术为教师提供了丰富的多媒体资源，提高了教学的生动性和吸引力。教师可以利用视频、音频、动画等多种形式，将抽象的理论知识以更加直观、形象的方式展现出来，从而提高学生的学习兴趣与理解力。互动式学习工具的应用使学生能够更加积极地参与学习过程，增强了学生学习的自主性和互动性。无论是在线讨论区的实时互动，还是虚拟实验室中的模拟操作，数字化技术都为教师和学生创造了更加丰富的互动场景，改变了传统课堂中“教师讲、学生听”的单向模式。传统的教学模式中，教师难以全面照顾到每个学生的学习进度和需求，而数字化技术通过数据分析与智能推荐等手段，可以帮助教师更好地了解学生的学习习惯、掌握学生的学习程度和兴趣点，进行有针对性的教学设计。教学系统可以根据学生的学习表现进行实时反馈，教师能够根据这些数据调整教学内容和进度，更好地满足学生的个性化需求，还能够向学生推荐个性化的学习资源，帮助学生更加有效地掌握知识，增强他们的学习效果。

传统教学模式下，教师的角色为知识的传递者，负责将知识从课本中输出到学生的头脑中。数字化教学环境中，教师更多地扮演着“学习促进者”和“学习伙伴”的角色，需要帮助学生在海量的信息中筛选出有用的知识，并通过有效的教学设计和互动引导，帮助学生在数字化环境中进行自主学习。教师的任务不再仅限于教授知识，而是还要引导学生思考、激发学生的创造力、推动他们积极参与知识构建过程。此外，教师在教学中的任务不再仅仅是讲解课程内容，而是需要精通各种数字化工具，能够灵活运用这些工具设计课程、开展评估并促进学生的深度学习。教师在教学过程中承担了更多的技术性职责，他们需要不断更新自己的数字素养与技术能力。数字化技术还推动了课堂教学的创新，使得教学模式更加灵活多样。翻转课堂就是一个典型例子，此模式意为将传统课堂的讲授环节转移到线上，让学生在课前通过观看教学视频等形式进行自学，而课堂时间主要用于讨论、互动和解决问题。翻转课堂不仅打破了传统教学中“教师讲、学生听”的单一模式，还增强了学生在学习过程中的主动性与参与感。教师在这一模式下更多的是充当引导者的角色，帮助学生深化对知识的理解，培养他们的自主学习能力和合作能力。

二、教师科研效率的提高

高校教师的科研工作既是职业发展的核心任务，又是提高学术影响力和推动学科进步的关键环节。数字化技术的广泛应用能够为高校教师的科研活动提供全新的方式和手段，提高其科研效率和成果产出。

传统的科研数据收集往往需要经过实地调研、访谈、文献翻阅等过程，耗时耗力，且数据管理存在一定的复杂性。数字化工具的出现使得高校教师能够通过自动化数据采集、在线调查问卷、远程监测等方式高效收集大量的科研数据，大幅缩短了数据收集的时间，提高了数据的准确性和可靠性。现代科研数据管理系统，如数据云存储、数据库管理软件等，使得教师可以科学有效地存储与管理大规模、多维度的数据，避免了数据丢失和混乱的风险。通过这些工具，高校教师能够更加专注于数据分析与科研创新，提高科研工作的整体效率。

以往教师在进行数据分析时，往往依赖于基础的统计工具，处理和分析复杂数据需要耗费大量时间。数字化工具提供了更加智能化、自动化的分析手段。例如，使用大数据分析平台，教师可以快速对海量数据进行筛选、分类和建模，从中发现潜在的规律和趋势；人工智能和机器学习技术的应用使得教师可以在复杂的科研项目中进行智能化的预测分析，更高效地进行科研决策；等等，这些技术工具大大提高了科研数据分析的速度和精准性，使教师能够在更短的时间内获取更具创新性的科研成果。

三、资源获取的多样化

高校教师在教学与科研过程中，需要学术文献、教学资料、科研设备以及学术合作机会等多方面的资源。数字化技术的介入打破了传统资源获取的地域和时间限制，使资源获取变得更加丰富和高效，大大提高了教师在教学和科研中的效率。

在线数据库、电子文献库等开放平台已成为高校教师获取学术信息的主要途径，通过这些平台，教师能够获取全球范围内的最新学术成果，及时了解学科领域的前沿动态。这类数字化平台通常涵盖了从基础理论到最新研究成果的全方位内容，教师可以根据自己的研究方向和教学需求，快速检索并下载相关文献。相比传统的图书馆借阅模式，数字化平台的即时性和广泛性使得教师在学术研究中能够更加灵活地进行文献收集和资料整理。物理、化学、生物学等科研领域过去多依赖昂贵且高精度的实验设备，而数字化技术的发展使得虚拟实验平台成为现实。通过虚拟实验平台，教师可以模拟复杂的实验过程，进行数据模拟与分析，大大降低了实验设备的成本，使科研实验变得更加灵活和可控。教师可以根据研究的不同阶段随时进行实验调整，节省了大量的时间与资源。虚拟实验平台的远程协作功能使得不同高校之间的科研团队可以共享实验资源，实现跨校区、跨学科的合作研究，进一步提高了科研效率。

数字化技术为教师提供的资源获取渠道并不仅仅限于学术和教学层面，还包括职业发展资源。高校教师可以通过在线培训平台、职业发展指导系统获取与职业晋升相关的各种信息与机会，了解最新的职业发展动态。这类平台还能够为教师提供个性化的职业规划建议和资源推荐，帮助他们在职业生涯中找到最适合自己的发展方向与发展路径。

第二章　高校教师专业化发展的基本理念

第一节　师德为先的理念

一、师德为先的内涵阐释

师德是指教师的职业道德，包含了理念、品德、知识、气质等，反映了教师的职业理想、职业态度、职业责任、职业形象、职业规范、职业信念、职业荣誉和职业操守等，对学生的影响很大。[①]师德为先是教师的职业要求，也是教师教育实践的基本准则。教师在日常教学中要以自身的道德力量影响学生，使教育超越知识传递，成为塑造学生人格的过程。师德为先包含多方面的内容，具体有以下几个方面。

第一，师德为先意味着教师对道德的高度自觉。在职业发展过程中，教师不仅是知识的传授者，还是学生道德观和价值观的塑造者。因此，教师应约束自己的行为，保持高度的责任意识，使教育在道德的指引下更具人文关怀。这种道德自觉促使教师将成为学生的榜样，用自身的行

① 王仑，于红．中等职业学校教师专业标准解读[M]．大连：辽宁师范大学出版社，2016：21．

为影响学生，使教育活动成为道德力量的源泉。

第二，师德为先要求教师具备公平意识。教师要时刻牢记自己肩负的使命，以服务学生和社会为本，保持教育事业的纯洁性，公平对待每一位学生。教师应该恪守教育准则，不偏袒任何学生，客观评价学生的学习成绩，尊重学生的人格，做到公平公正。

第三，师德为先要求教师要具备责任感。学生在成长过程中常常会遇到各种学业、生活中的压力和挑战，而教师在此时所给予的支持和引导是学生前行的动力。责任感推动教师关注学生的个性差异，给予他们充分的关心和关怀，在教育实践中因材施教，使学生的潜力得到充分发挥，培养学生的综合素质。有责任感的教师会始终以学生的成长和发展为出发点，为学生提供全方位的支持，关注学生的身心健康，帮助他们养成良好的习惯和道德观念，使教育真正发挥育人作用。

第四，师德为先还要求教师诚实守信。作为知识的传播者和价值的引导者，教师的一言一行都直接影响着学生的观念和行为。学术上，教师必须坚守底线，以严谨的态度对待学术研究，不追求短期利益，不抄袭，不弄虚作假，始终坚持诚实的原则。诚信的教师能够以自身的行为感染学生，使他们在学习过程中逐步形成对学术的尊重和对知识的崇敬。教师的自律和诚信能够为学生带来深远的影响，使他们在未来学术和职业生涯中终身受益。

二、师德为先在高校教师专业化发展中的作用

师德是教师职业发展的核心，是教育工作者立足教育事业的根基。高校教师在学生教育中承担着特殊的责任，发挥着传授知识，引领正确的道德观、人生观的重要作用。师德在教师专业化发展中扮演着不可替代的角色，贯穿于教学实践和学术研究的方方面面。师德为先在高校教师专业化发展中的具体作用如图 2–1 所示。

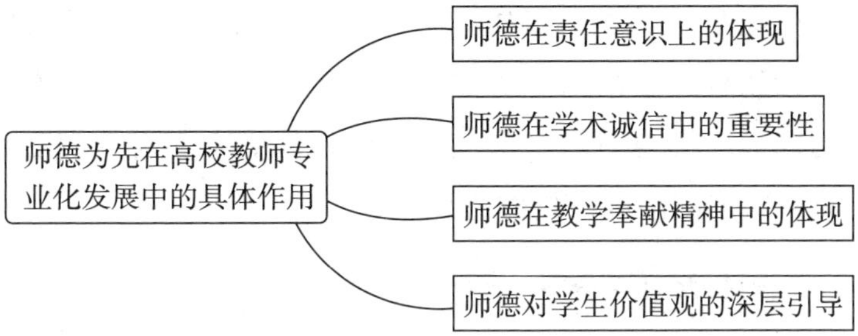

图 2-1　师德为先在高校教师专业化发展中的具体作用

（一）师德在责任意识上的体现

教师的责任意识是一种内在的自觉和追求，它引导教师在每一节课、每一个细节中都以学生的成长为核心，不断调整自己的教学方式和内容，让教育更具针对性和有效性。有责任感的教师能够高度投入教学过程，耐心解答学生疑问，关注每一个学生的学习进度和心理需求，使学生在积极、关爱的环境中成长。教师的责任意识对教学效果具有直接的影响，这种责任感能够在无形中传递给学生，使学生认识到学习的价值和教育的意义。

（二）师德在学术诚信中的重要性

学术诚信主要是指研究者在学术研究活动中，树立以追求真理、实事求是、创新协作为核心的科学精神，遵守法律法规，恪守道德准则，遵循科学共同体公认的行为规范。①高校教师既是知识的传播者，又是科学研究的参与者，其在学术活动中的行为会直接影响到学术氛围和教育质量。师德能够在学术诚信中发挥重要作用，使教师在科学研究中自我约束，秉持真实、严谨的态度，不虚构、不篡改数据，不抄袭他人成果。学术上的道德自觉为学术界的诚信体系提供了保障，能够增强大众对高校教育的信任感。教师在学术活动中坚持诚信、维护自身声誉的同时，

① 陈华．教师职业道德教育[M]．广州：中山大学出版社，2020：185.

能够为学生树立良好的学术榜样。学生在日常学习和科研活动中会不自觉地以教师为榜样，逐渐树立对知识的尊重和对真理的执着态度，这对学生未来的职业生涯也有重要影响，能够使他们在面对学术和职业道德选择时，遵循诚信的准则，更健康地成长。

（三）师德在教学奉献精神中的体现

教师在日常教学中往往投入了大量精力，超出了基本的职业要求。奉献精神体现在教师对学生成长的关切，以及对教育事业无怨无悔地投入精力。充满奉献精神的教师在教育过程中表现出的细致和关爱会给学生带来持久的心理支持和安全感。学生在这种环境中学习，不仅仅能感到知识的价值，更能体会到教师的关爱与支持。正是这种奉献精神，使得教师在教育过程中充满人文关怀，也让学生从中得到激励。这种深层的心理触动往往比单纯的知识传递更为重要，原因是它能够激发学生内心深处对教育的热爱与尊敬。很多学生经历过这种师生关系后都会自发地投入学习，主动追求个人成长。这种无形的激励是教师奉献精神的最佳体现。

（四）师德对学生价值观的深层引导

教师是学生价值观的重要塑造者，学生在求学过程中会受到教师行为的深远影响。具有高尚师德的教师在课堂上展现的行为、态度、处理问题的方式等都会对学生形成潜移默化的影响，对学生正确价值观的形成具有持久的推动力。教师高尚的道德修养能够使学生感到道德的力量，实现深层次的心灵交流。通过这种心灵交流，学生会在潜移默化中逐渐认同教师的道德标准，并在日后的行为中加以效仿。这会对学生的人生方向起到积极的指导作用。

三、师德为先与教师专业化发展的内在关联

师德为先作为高校教师专业化发展的基本理念，为教师的职业行为提供了内在驱动力，也为教育活动的价值实现奠定了深厚的道德基础。

（一）师德是教育价值观的核心体现

教育是一种特殊的社会活动，其根本目的是通过知识的传播和价值观念的引导促进个体的全面发展，而师德作为教师职业道德的核心，是教育价值观的集中体现。教师在职业活动中要通过言行表达道德规范，为学生树立榜样。内在的道德诉求成为教育活动的灵魂，直接影响教育的质量和效果。

师德是个人信念的体现，也是教育价值观的重要载体。教师的道德修养直接决定了教育活动的高度与深度。师德为先的理念使教师能够更加关注教育活动的内在价值，而不是单纯追求知识传递的数量化成果。师德使得教师能够在复杂的教育场景中始终坚持以人为本的价值导向，关注学生的成长需求和社会赋予教师的责任。教育活动的本质不仅仅是知识的传递，更是价值的交流与塑造。师德通过教育价值观的表达，使教师在教学中能够始终保持价值引导的主动性。无论是教学内容的选择还是课堂行为的实践，师德都贯穿其中，使教育从技术层面延伸到价值层面，为学生的全面发展提供精神滋养。

（二）师德对教学行为的指导作用

师德作为教师行为的内在驱动力，对教学行为起着直接的指导作用。教学行为的每一个细节都受到师德的深刻影响，教育活动也因此具有超越单纯知识传递的意义。

教师在设计和实施教学活动时，师德提供了道德指引，使得不管是教学行为还是教学内容和方式都更具人文关怀和社会意义。教学行为中

的关怀和责任意识是师德指导下的具体体现。通过对教学目标和学生需求的深刻理解，教师能够以更加负责任的态度开展教育工作，使学生在学习过程中感到尊重和关注。在教学行为的实施过程中，师德还体现为对学生个体差异的尊重和理解。每一位学生都有其独特的成长路径和发展需求，师德促使教师在教学行为中体现出高度的适应性和灵活性。在教学设计和课堂互动中，师德引导教师更加合理地分配教育资源，以满足不同学生的学习需求，增强了教学行为的效果，教育活动的公平性也得到了更好的保障。师德对教学行为的指导还体现为对教育环境的积极影响。在充满变化和挑战的现代教育环境中，师德为先的教师能够创造更加积极和支持的教育氛围，优化学生的学习体验，为教育活动的长期发展奠定了基础。

（三）师德与教育使命的深度契合

师德与教育使命之间的深度契合体现了教育活动的本质属性。教育的核心任务既包括知识的传递，也包括社会责任的承担和文化价值的传承，师德为教师提供了内在动力，使教育活动能够更加深刻地体现其社会功能和人文价值。

高校教师通过师德的实践能够将个人职业追求与教育使命相结合，使教育活动具有更强的方向性和目标感。教育使命要求教师在教学过程中，不应仅关注知识本身，应将教育活动与社会需求相结合。师德使教师在职业活动中能够更加自觉地关注教育的社会功能，为学生成长和社会进步提供更大的支持。教育使命的实现离不开师德的引领，通过对教育价值的深刻理解，教师能够在教育活动中表现出高度的责任感和使命感。这种责任感不仅体现在对学生的关注上，还体现在对社会问题的敏锐洞察和积极参与上。通过对师德的实践，教师能够在职业活动中展现出更高的社会担当，为教育使命的实现提供强有力的支持。师德的实践还使教育使命在具体行动中得以体现。教育活动中的每一个环节，无论是教学设计、课堂实施，还是学生评价都需要师德的指导。通过对教育使命的深刻认同，教师能够在职业活动中展现出高度的自觉性，使教育活动更加贴近学生需求和社会期待。

四、师德为先促进教师专业化发展的路径

在教师专业化发展过程中，师德为先既是理念的指导，又是教师职业道路上道德水准和内在修养不断提高的关键。以下从五个方面探讨师德为先促进教师专业化发展的路径（图 2–2）。

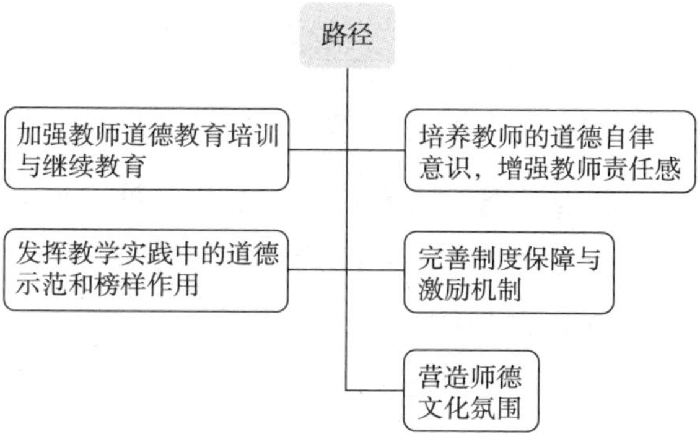

图 2–2　师德为先促进教师专业化发展的路径

（一）培养教师的道德自律意识，增强教师责任感

教师的道德自律是一切道德行为的根本，只有具备内在的自律意识，教师在教学和科研中才能保持高标准的职业操守。自律是一种内在的驱动力，它要求教师在思想上对教育事业产生深刻的认同感与使命感。自律使教师能够在任何情况下都严格要求自己，始终对学生负责，能够始终保持对学生的关注和投入，关注每一位学生的成长与发展，不因教学任务的繁重而怠慢。自律意识强化了教师在课堂上的责任感，使他们在知识传授过程中带有浓厚的人文关怀。自律意识还意味着教师对学术活

动的严谨性。学术研究本质上是对真理的追求，只有具备自律意识的教师才能在科研活动中保持客观、真实的态度，不受外界因素影响，形成高度的学术诚信。高校可以通过定期举办教师自律和职业道德的培训会、讲座等形式来强化高校教师的道德自律意识，如邀请教育专家和学术带头人讲解自律在教学和科研中的重要性，使教师对自律的道德要求有更深入的理解，能够在教育实践中不断强化自我约束的意识。教师的道德自律除了表现为课堂上严谨的教学态度，也表现为课堂外教师对学生的持续关心。道德自律的高校教师会主动了解学生的学习情况和心理状态，并在学生遇到困难时提供力所能及的帮助，让学生感到来自教师的关爱与支持，形成积极的学习态度和对高校教育的信任感。

（二）完善制度保障与激励机制

在师德为先理念指导下，实现教师专业化发展离不开有效的制度保障。高校在制度建设方面可以设立明确的师德评价标准，将教师的道德水平作为教师评价的重要维度之一，通过公开、透明的师德评价制度让教师清楚地了解高校对其道德素养的重视，并在日常教学活动中自觉规范自己的行为。激励机制则为高校教师提供了一种积极的反馈方式，高校可以通过设立道德标兵、师德模范等荣誉称号，对在教学和科研中表现出高尚道德品质的教师进行表彰，为在师德建设方面有突出表现的教师提供更多发展机会。师德激励制度的完善使教师能够在制度的引导下自觉提高道德水准和获得持续的动力。高校在激励制度的设置上还应考虑教师的不同发展阶段，并给予针对性的支持。例如，高校可以为青年教师提供更多的学习机会，帮助其快速培养道德意识；对于资深教师，则可以通过晋升、学术交流等方式激励他们继续发挥师德引领作用。制度保障和激励机制的完善能够长期为教师的师德建设提供发展的动力。

（三）营造师德文化氛围

在高校校园内营造师德文化氛围有利于高校教师专业化发展。首先，高校可以定期举办师德讲座和研讨会等，为教师提供交流和学习的平台，使教师进一步提高自身的道德水平。师德氛围的营造能够增强教师的自律意识，使教师在日常教学活动中以更高的标准严格要求自己，在课堂内外都能够表现出良好的道德修养。其次，高校要特别注重道德价值的引导，如在校园内多宣传师德模范的事迹，使教师在榜样的引导下逐渐形成对道德行为的认同感。最后，高校要将师德建设与其他活动相结合，使其成为校园文化的一部分。例如，每年教师节时，高校可以对表现优异的教师进行表彰，增强教师的职业荣誉感，让道德教育成为校园文化的重要组成部分。崇尚师德的文化氛围既能够让高校教师在潜移默化中不断提高自身的道德水平，也能够让高校教师在学生面前更自信地展现自身的道德品质。

（四）加强教师道德教育培训与继续教育

为了使师德为先真正成为高校教师的内在追求，高校需要为教师提供系统化的道德教育培训。道德教育培训能够帮助教师在专业化发展的同时，持续学习道德理念，使道德教育成为教师培养体系的重要组成部分。高校可以通过开设关于教师职业道德和教育伦理的课程，以专家讲座、案例分析和情景模拟等多种方式让教师在不同情景中更好地理解道德在教育中的应用，帮助他们在实际操作中拥有道德判断和决策能力。

道德教育还要在日常教学中得到延续。高校可以通过建立道德学习小组、师德交流会等方式督促高校教师在日常工作中相互讨论和交流道德问题，进一步丰富教师的道德认知，帮助他们在不断交流中形成对道德问题的深入理解。高校还可以通过举办道德教育论坛和研讨会，邀请知名学者和教育专家分享道德建设的经验和见解，帮助教师在学术交流中不断提高自身的道德素养。道德教育培训不能是一时的，应成为一种持续的学习机制，让教师在学习和反思中不断优化自己的道德标准。

（五）发挥教学实践中的道德示范和榜样作用

教学实践是教师师德修养的直接体现，教师在日常行为、课堂交流、学术活动等方面表现出来的道德态度和道德品质能够直接影响学生的道德观念和行为准则。教师处理课堂事务、评价学生所展现的公平公正的态度能够于无形中为学生树立正向的行为规范，成为学生学习的榜样。学生能够从教师的行为中体会到道德的力量，在日常生活和学习中逐渐形成对道德的正确认知，学生通过观察、模仿教师的行为，可以逐渐将道德规范内化为自身的行为准则。教师在教学实践中的道德示范和榜样作用能够促进师生关系的和谐，为学生的未来发展埋下种子，产生深远的教育影响。教师在教学中通过潜移默化的方式将道德价值观传递给学生，能够使教育过程充满温度，更让学生在学习中收获了人生成长的重要经验。

第二节　以学生为中心的理念

高等教育应坚持以学生为中心的理念，将学生的成长和发展作为一切教育活动的出发点和归宿，充分尊重学生的个性差异，挖掘其潜能，促使其在多方面得到提高。以学生为中心的理念要求高校教育从知识传授转向能力培养、从结果导向转向过程关注、从统一标准转向个性化支持，通过构建以学生为中心的教育体系，引导学生实现自我发展与社会责任的统一，为其未来的成长发展奠定坚实的基础。

一、从学生发展的视角出发

以学生为中心的教育理念主张将学生的成长和发展置于教育活动的中心，所有教育活动都应以学生的需求和发展为出发点，这也是教师专业化发展中不可或缺的部分。学生是学习的主体，其发展直接关系到教育目标的实现，教育作为一种社会实践活动，其本质在于培养和塑造学生的自主性。学生的成长包括学术、人格、情感、社会适应能力等多个方面的综合发展，教师的职业实践应该围绕学生来展开，将学生的需求和成长作为教学设计和教育活动的中心。

从学生的发展出发，要求教师在教学中要重点关注学生的个体差异和独特性，以开放的态度接纳学生，并根据学生的实际情况设计适合他们发展的教育模式。教师要成为学生成长的观察者和引导者，密切关注学生学习和生活中的日常表现，发现他们的优点和需要改进的地方，提供具有针对性和指导性的建议和帮助。立德树人是教育事业的根本任务。教育者只有真正从学生的角度出发，以发展的眼光看待学生的成长，才能在教学中实现真正的以学生为中心。以学生为中心理念的践行使教育不再仅仅是知识的传递，而是成为促进学生全面发展的桥梁。教师在教学中以学生的发展为出发点，能让教育焕发出更强的生命力，使学生在成长的过程中感受到教育的力量与温度。

二、促进学生的全面发展

全面发展的本质并不是所有人千人一面的发展，而是个体综合素质与能力的充分、全面的发展。[①]全面发展强调个体知识和能力的平衡，教师应在教授学生掌握理论知识的同时，注重培养学生运用知识解决实际问题的能力。全面发展意味着教育不能偏向单一维度，而应注重学生的多方位成长，使学生在学习过程中实现全方位的提高。教师在促进学生全面发展的过程中，要关注学生成长的每一个细节，让教育成为学生综合素质提高的重要推动力。综合来说，教师需要重点做好以下几方面的工作。

① 林春辉．潜能教育在行动[M]．上海：上海教育出版社，2022：22.

第一，高校课程体系的构建要科学合理，善于引导学生通过学习实现理论与实践相结合，有效提高其学习效能；还要注重对学生思维能力、表达能力、协作能力等不同能力的培养，使学生在多样化的学习过程中实现潜能的激发。

第二，促进学生全面发展还强调关注学生心理与情感的健康状态，帮助学生积极面对成长过程中的心理压力和情绪困惑。心理和谐是全面发展的重要基础，教师通过建设健康的校园文化、提供专业的心理辅导服务，使学生在友好的学习环境中更有信心地应对学业和生活上的挑战。情感的培养同样重要，教育不仅是知识的灌输，还是帮助学生与外界形成情感连接的重要方式。通过鼓励学生参与公益活动、社会实践，教师可以帮助学生感受关怀与支持，促进学生情感的积极发展。

第三，道德素质关乎学生在社会中的行为规范和价值判断能力。高校教师需要在学生心中种下责任感、正义感的种子，引导他们成为对社会有益的人。教师的言传身教对学生道德观的塑造起着关键作用。教师通过强调学术诚信、公平竞争和团队合作，能够让学生在学习知识的过程中自觉践行道德规范，为学生未来的发展打下坚实的道德基础。

第四，学生在校园环境中学到的技能和形成的意识最终将转化为社会生活中的实际能力。高校教师需要为学生提供更多与社会接触的机会，让他们在学习阶段就能够熟悉社会规则、理解团队合作的重要性。学生通过社会实践课程、职业技能培训等形式，在掌握专业知识的同时，能够在真实的社会情景中锻炼应变能力与解决问题的能力，在未来的职业生涯中更加自信和从容。

三、促进全体学生的发展

现代教育具有普及性和广泛性，能够确保每一位学生都获得发展的机会，其个性和能力都能够得到尊重和发挥。促进全体学生全面发展是教师教学工作的最终使命[①]，在高校教育中，虽然不同的学生在背景、能力、兴趣等方面存在一定的差异，但教师应该一视同仁，推动每一位学生的成长，使所有学生都能通过学习找到适合自己发展的道路。教师应尊重每一位学生的个性和需求。提供平等的教育机会是教育公平的基石，也是以学生为中心理念的实质表现。

教师要充分认识到学生在学业基础、学习风格、心理特点等方面存在的多样性特点，所以，应采取多样化的教学策略，使教学能够适应不同学生的学习特点。教学内容的难度要兼顾所有学生，一方面使学习能力较弱的学生能够跟上总体的学习进度，另一方面为学习能力较强的学生提供拓展和挑战的机会，增强全体学生的学习效果。

四、促进学生主动发展

学生的主动发展强调培养学生的主观能动性，使他们形成独立思考、主动探索的能力，为他们未来的成长奠定坚实的基础。古代教育家孔子的“不愤不启，不悱不发”，现代教育理论中苏格拉底（Socrates）的精神助产术、布鲁纳（Jerome S. Bruner）的发现法等都强调了学习的主动性和内发性。这种主动性在知识经济时代更为重要，原因是现代社会的发展依赖于个体的知识、智慧和创新能力。因此，教育应该激发和促进学生的积极参与性，使他们能主动地掌握知识、适应环境并进行创新。

促进学生主动发展的关键在于激发学生的学习兴趣，培养其内在驱动力。教师在教学过程中要善于设计富有挑战性和探索性的学习任务，充分激发学生的好奇心，促使他们在学习中主动寻找答案。主动探索的学习模式能够激发学生的自觉性和创造性，教会他们如何学习，有利于培养他们的自我意识和对知识持久的热情。教师要将学生置于学习的中心地位，通过开放性的问题鼓励学生进行讨论和交流，使他们主动参与

① 王萍．教师职业道德与专业发展［M］．开封：河南大学出版社，2022：84.

知识建构的过程，深化对知识的理解。教师要注重对学生内在驱动力的培养，利用教育活动引导学生认识到学习对个人成长的重要意义，激发他们内在的学习热情。

五、推动学生个性的充分发展

个性发展是学生全面成长的重要组成部分，也是高校教育以学生为中心理念的关键体现。每位学生都具有独特的潜力和特点，教育的核心任务之一便是通过科学的方法和策略，挖掘、激励并引导学生个性潜能的释放。让学生的个性得到充分发展是对学生个体差异的尊重，更是促进教育多元化和社会创新力提高的重要途径。

教育的真谛就是充分挖掘每个学生的潜能，使学生形成独特的个性，有个性的教育就是最好的教育。推动学生个性发展的基础在于发现学生兴趣、性格、能力、价值等方面的特质，尊重学生的个性，实现学生个性化和特色化的发展，帮助学生形成独立的人格和特长。教师在教学过程中既要关注共性的教育目标，又要通过细致的观察和互动了解学生的个性特点。教师可以通过课程和学习活动的设计激发学生对自身特长的认知，帮助他们发现自身隐藏的潜力，展现自己的独特价值，并为学生提供专门的针对性指导和帮助。教师应使用灵活的教学方法和评价方式以适应不同学生的需求。通过设置多样化的任务和目标，教师能够为学生创造一个宽松而有挑战性的成长环境，使学生能够在兴趣与能力的引导下自由探索，并在实践中巩固个性化能力。

教育的意义在于帮助每个学生成为更好的自己。教学中，高校教师需要避免用固定的标准或单一的评价体系对学生进行衡量，而应使用多维度的考量方法鼓励学生在各自擅长的领域发展。教师应注重培养学生的自我意识和自信心，使他们能够从自身特质出发设定目标并实现成长。

六、学生的可持续发展

可持续发展最初是环境保护的概念，后来演变为一个被广泛接受的发展理念，强调社会与环境的和谐共存。可持续发展的理念在教育领域也同样适用，其核心是支持学生的终身学习和不断进步。教育的可持续性要求教师在教学策略和内容上进行调整，以适应社会的持续变化并满足未来的需求。具体来说，学生的可持续发展包括以下几个方面。第一，适应性发展。教师应培养学生适应现代及未来社会、生活和职业需求的能力。第二，潜能发展。从哲学角度看，人类是在不断完善中的社会存在的，教育的目的是激发和最大限度地发展每个人的潜能。第三，连续发展。学生的成长和学习应该是连续的，今天的学习和成长将为未来的进步奠定基础。第四，协调发展。学生的成长应与其生理和心理状态、人格各方面保持协调，实现个人内部和外部环境的平衡。

可持续发展理念在教育领域的核心是帮助学生形成长远的成长视野，具备持续学习的能力、适应未来变化的素质以及为社会作出持久贡献的意识。全球化与信息化的背景下，高校教师要关注学生当前的知识获取，更要着眼于培养他们在未来社会中的综合竞争力，从入学阶段就要帮助他们明确自己的兴趣和目标，使他们能够在职业和人生的长远发展中做出理性规划。

七、教师的主导作用与学生的主体性的和谐统一

对学生的主体性的强调并不意味着削弱或完全否定教师的主导作用。实际上，教师的主导作用与学生的主体性是互补而非对立的。在教育实践中，处理好教师与学生的关系至关重要，真正的以学生为中心的教育应当在强调学生主体性的同时，充分发挥教师的主导作用。教师应通过自己的知识和人格魅力，以关爱和责任感引导学生，提供必要的学术指

导和生活指南，帮助学生解决成长过程中遇到的困难，形成独立的人格和思考能力。

充分发挥教师的主导作用需要高校提供支持，包括提供充足的资源保障，通过完善的教师评价体系和专业化发展平台激励教师在教学中不断追求卓越，通过培训使教师的主导作用在学习和实践中得到强化。教师接受培训后专业能力能够得到有效提高，更好地理解学生需求、优化教学策略、为学生提供更高质量的教育服务。教师不仅仅是知识的传递者，更是学生成长道路上的引路人。发挥教师的主导作用能够使教育更加贴近学生需求，为学生的全面发展提供坚实的保障。

八、教育的社会功能与个人发展的融合

教育的价值方向通常是社会本位和个人本位两种取向的平衡，强调以学生为中心并不排斥教育的社会功能，现代教育的挑战在于如何将个人发展与社会发展需求相结合。教育首先应将学生置于中心位置，促进他们的全面和持续发展，只有这样才能真正实现教育培养学生的本体功能。其次，教育需要满足社会对人才的需求，通过培养符合社会需要的人才来推动社会整体的进步。最后，教育本身也受到社会环境和文化的影响和制约。教育既是社会发展的产物，又是推动社会前进的力量，因此，在坚持以学生为中心的同时，教育必须充分发挥其社会功能，这是实现教育目标的内在要求，也是教育持续发展的基础。

教育通过知识传播和价值引领，使学生掌握应对社会变化的能力。高校作为知识创新的重要场所，为学生提供了全面的理论知识和实践技能，这有助于学生个人的发展，也为社会培养了具有创新意识和实践能力的优秀人才。通过教育的引导，学生能够更好地理解社会需求，并以知识为基础积极参与社会活动。高校通过教学实践中的知识传播、文化传承和社会公平的构建，使学生在个体发展过程中逐步形成对社会的归

属感与责任感。教育的社会功能和个人发展的双向良性互动使教育在个人与社会的连接中发挥更大的积极作用。

第三节　能力为重的理念

一、教师能力标准的理论界定

现代教育体系中，教师能力标准的界定是构建高质量教育体系的基础。能力为重的理念需要能力标准作为参考。教师能力标准的界定能够为教师专业化发展提供明确的方向，为教育实践的改进和教育质量的提升提供科学依据。

（一）关于标准的理解

标准是对某种事物特性或行为规范的具体描述，是衡量和评价的依据。教育领域中的教师能力标准具有规范性和导向性，是对教师在专业行为、教学实践以及职业素养方面的综合要求。教师能力标准的规范性体现为对教学目标、行为要求以及实践表现的具体界定；导向性则体现为对教师未来发展的指导作用。通过明确对教师在知识、技能、态度等方面的期望，标准能够引导教师在职业发展中优化自我，为教学活动的质量保障提供参考依据。教师能力标准在教育实践中的应用主要包括以下四个方面。第一，工作标准。提供教师在教育教学活动中应达到的实践效果的指导。第二，评价标准。作为评估教师实际教学能力和技能水平的依据。第三，认定标准。帮助教育管理者和同行确认教师的专业能力水平。第四，发展标准。指导教师的职业成长，推动其专业技能和教学方法的持续改进。

（二）关于能力的理解

能力是个体在特定情景下完成任务的综合素质，是知识、技能、态度和价值观的有机结合。教育领域教师的能力除了指向具体的教学行为，还涵盖了教师在教学组织、课堂管理、学术研究、学生指导等方面的综合表现。

教师专业能力的核心可以视为一种心智能力，这种能力的形成和展示与教师的专业意识息息相关。教师的专业意识是其行为的起点，也是推动其行为持续进行的动力。无论是课堂教学还是与学生的互动等行为表现，都是教师专业意识的直接体现。增强教师的专业意识能够增强其日常教学的效果，也能够在更广泛的层面上促进教师专业能力的整体发展。

教师能力的形成和发展受到个人成长环境、职业培训体系、职业实践经验等多重因素的影响，并且教师能力的发展并非单向线性过程，而是随着职业发展阶段的推进逐步深化的过程。初入职的教师更多关注知识和技能的积累，而资深教师倾向于整合经验和创新实践。

二、教师能力标准理论模型

教师能力标准理论模型是对教师职业活动的深入分析，能够明确其能力构成的核心要素，构建出针对教师不同维度能力的标准化框架，对教师专业化发展具有指导意义。

教师能力标准理论模型包含三大核心元素：教学理论、教学意识和教学行为。这一模型深入剖析了教学活动的本质，揭示了教师专业能力如何由内而外地显现。在这一框架下，教学意识不仅仅是一种简单的意识形态，更是教师专业能力的具体表现，它直接影响教学行为的质量和效果。教学行为是教学意识的直接产物，由教学理论引发并始终受其影响。教学理论提供了教学意识形成的知识基础，而教学意识将这些理论转化为具体的教学策略和行动。教学行为展现了教师的教学意识，也是对教学理论理解的实践检验，体现了理论、意识与行为之间的动态互动。

教师能力标准理论模型强调教学理论应持续内化于教师的专业意识中，成为驱动教学行为的持久力量。通过这样的循环互动，教师的专业能力不断得到提高，教学行为也能更好地适应教育需求的变化，从而增强教学效果。

（一）教学理论的深化理解

教师能力标准理论模型中，教学理论占据了核心地位，它是教师行为的出发点，也是教学意识和行为的根基。教学理论是一个包括教育学、心理学、学科专业理论等在内的基础知识体系，教育学理论为教师提供了教学设计和教育目标制定的指导；心理学理论帮助教师了解学生认知与发展规律；学科专业理论则确保教师具备扎实的学术能力和学科知识。通过这些理论的整合和内化，教师能够在教学中实现从理论到实践的有效转换，有效地支撑教学行为的实施。

教学理论并非孤立存在，不应是静态的，而应是在教师的实际教学活动中动态发展的，通过发展教学理论，教师能够更贴近实际教学需求，提高教学的适应性和创新性。现代教育环境中，信息技术的广泛应用和教育理念的不断更新对教师的能力提出了新的要求。教师需要在理论指导下积极适应教育技术的变化，并在教学中融入创新性思维。理论模型通过对教育创新能力的强调，为教师在现代教学中保持竞争力提供了支持。

（二）教学意识的核心作用

教学意识是教学能力结构中的一个维度，它在教师能力标准理论模型中占据核心位置。教学意识是教师在教学过程中的精神活动，是教师教学过程中各种感觉、思维的综合。教学意识是教师行为的动力源泉，也是教学理论向实践转化的中介。教学意识指导教师在教学过程中思考、决策及行动，涵盖了教师的价值观、教育信念、专业理解以及对教育目的的个人认知，是教师内在动机和教育哲学的体现。

教学意识的第一层面是对教育目标的清晰认知。教师需要明确，教育除了是知识传递的过程，也是促进学生多方面发展的实践。通过树立教育全局观，教师能够在教学中更有效地引导学生实现学术、情感和社会方面能力的全面提高，在教学中平衡知识教学与能力培养之间的关系。

教学意识的第二层面是对学生个体差异的敏锐洞察。学生之间的学术背景、学习风格和发展需求各不相同，因此，教师需要具备以学生为中心的意识。在教学设计中，教师应关注如何为不同需求的学生提供个性化支持，尊重学生的个体差异，使教育实践更加贴近学生实际需求，提高教学的有效性。

教学意识的第三层面是对教育情景的反思与适应能力。现代教育环境充满不确定性，教师需要在动态变化中保持敏锐并及时进行调整。关于教学意识的模型强调教师对教育环境变化的感知能力以及在复杂情景中寻找解决方案的能力，有效提高了教师在具体教学中的灵活性，也为长期教育质量的提高提供了保障。

综合来看，教师的教学意识是一个动态的认知过程，也体现了教师如何看待教学、看待自身角色的自觉性水平。[①] 教师的教学意识的形成和发展是通过不断的教育实践、理论学习和个人反思实现的。教师的每一个行动都是由深层的教学意识所引导的，无论是课堂上教学方法的选择，还是与学生互动中的行为方式，教学意识也通过教师对其教育行为的持续反思和评估得到调整和完善。

（三）教学行为的深层内涵

教学行为是教师专业能力的外在表现，是教学意识在实际教学中的具体体现。教师的教学行为包括很多方面，如教学设计行为、组织实施

① 刘旭．高校教师教育教学技能[M]．长沙：湖南师范大学出版社，2021：51.

行为、课堂管理行为、人际交往行为等。①

教师的行为能够有效地引发学生的学习意识，促进学生的认知和情感发展，是衡量教师专业能力的关键标准。教学行为应当基于对教学内容深刻的理解和对学科特性的准确把握，确保教学活动能够激发学生的学习兴趣和认知发展。特别是随着教学技术的发展，教师要掌握先进的教学技术，运用多种教学策略灵活开展教学，提高课堂教学的效率和学生的参与度。教学行为还应该能够适应教育环境的变化和学生需求的多样性，从而充分展现教师灵活应用其专业知识和技能的能力。

三、教师能力标准的实践应用

教师能力标准的实践应用是将理论转化为实践的关键环节，是实现教育目标的重要保障。通过科学的能力标准，高校能够更好地指导高校教师专业化发展，优化教学实践，并提高整体教育质量。

（一）教师能力标准的实践意义

能力标准明确了高校教师在教学过程中需要达到的基本要求，为高校的教师招聘、培训和评估工作奠定了基础，教育管理者可以根据标准设计有针对性的培养计划，使教师的职业发展更加系统化和科学化。另外，能力标准通过对教学行为、教育目标和学生需求的明确规定，使教师能够更精准地组织课堂活动。高校教师依据能力标准选择适当的教学内容和方法，能够确保课堂效果与教育目标的一致性。教师在职业发展中需要不断更新知识、提升技能，而能力标准为这一过程提供了明确的参照依据。通过自我评估和外部评价，教师能够清楚了解自身在专业能力方面的优势与劣势，在教学实践中不断优化自己的能力结构。

① 钟启泉．课程与教学概论［M］．上海：华东师范大学出版社，2004：212.

（二）教师能力提高的路径

能力提高是教师实现专业化的核心过程，也是能力标准实践的直接体现。能力提高需要教师个人努力、高校支持和社会资源整合等多维度的支持。

高校教师需要具备终身学习的意识，通过主动获取新知识、反思教学实践和参与学术交流，不断完善自己的能力结构。阅读专业书籍、参与研究项目以及学习现代教育技术都是教师提高能力的重要手段，通过在教育实践中不断积累经验，教师能够为学生提供更高质量的教学。高校需要为教师提供丰富的培训资源和发展机会，构建系统化的能力培养体系，如定期举办教学技能工作坊和教育技术培训课程，帮助教师掌握最新的教育理论和方法。校本研究也是能力提高的重要形式，通过教师间的协作研究和经验分享，教师能够在集体学习中拓宽视野。课堂实践可以验证教学方法的有效性，学生的反馈和同事的评价可以帮助教师不断调整和改进自己的教学策略。高校可以为教师提供定期的教学评估机会，并结合课堂观察、教学录像分析等多种形式，帮助教师发现问题并提出改进建议。基于实践的能力提高路径能强化教师的实际教学能力，增强其解决教学问题的灵活性。

高校教师需要在更广阔的社会环境中理解和实践教育理念，通过参与教育改革项目、教育行业研讨会和国际学术交流，教师能够学习到更多的教育方法和视角。开放性的学习方式丰富了教师的知识储备，也使其能够将全球化视野融入本地教育实践。

四、教师能力标准对于高校教师专业化发展的意义

教师能力标准整合了理论、意识与行为的各项标准，构建了一个系统化、规范化的指导框架，为教师的职业成长与教育创新提供了科学依据，是对能力为重理念的贯彻落实。教师能力标准的有效实施对于高校

教师的专业化发展以及整体教育生态的优化都具有深远的意义。

（一）教师能力标准对高校教师专业认知的深化

教师能力标准通过具体的要求和规范为高校教师提供了明确的专业认知路径，教师能够更为深刻地理解教育目标与教学策略的内在联系。通过教师能力标准的实践，教师能够在理论与实践之间建立桥梁，更好地理解与掌握教学活动的内在逻辑。在教师能力标准实施过程中，教师需要对自身的专业能力进行持续的反思与评估。基于能力标准的认知深化有助于教师更全面地理解教学理论，促使他们在实际教育场景中更好地应对复杂的教学挑战。

（二）教师能力标准对教育行为创新的激发

教师能力标准强调教师的专业行为是教学理论与教学意识的外在体现，教学行为的创新性与适应性直接关系到教育实践的效果。教师能力标准规范了教师的行为，既为行为创新提供了基本框架，又保留了灵活性，鼓励教师在特定教育情景中进行创造性探索。

现代教育环境中，教学行为包括课堂上的教学策略、教学设计、学生管理、资源整合等多方面内容。教师能力标准的实践要求高校教师以学生发展为中心，针对不同学生的需求设计具有个性化和适应性的教学方案。高校教师需要打破传统教学模式的局限，引入跨学科知识和先进教学技术以提高课堂效率和学生参与度。信息化背景下，教师能力标准推动了教师对新兴技术的掌握，促进了技术与教育目标的深度融合。通过教师能力标准的引导，教师能够更好地运用数字资源进行教学设计，激发学生的学习兴趣，增强教学效果。这体现了教师能力标准的灵活适应性，使教师能够在实践中不断推动教育模式的迭代与优化。

（三）教师能力标准对职业自我实现的支撑

教师能力标准通过明确教师在专业领域的成长路径，激发了教师对职业成就感和自我实现的追求。在教师能力标准的实践过程中，教师需要不断更新知识、改进方法。这种持续性的挑战为教师的职业成长注入了动力，也促使教师更加主动地参与专业化发展。教师能力标准的构建充分考虑到了教师的职业角色和教育使命。教师作为知识的传播者和文化的传承者，需要在教育活动中展现出高度的专业精神和社会责任感。教师能力标准通过强化教师对职业意义的认同，帮助他们在教学实践中找到价值实现的途径。无论是在知识传授还是学生引导中，教师能力标准都使教师更清晰地认识到自己的职业价值，提高对职业的满意度和归属感。

（四）教师能力标准与教育生态优化的双向作用

教师能力标准的实践不仅影响教师个体，还通过教师行为的集体化表现，对高校教育生态产生了深远影响。教育生态是由教师、学生、课程、资源等多种要素构成的动态系统，教师能力标准的实施直接促进了这一系统的优化与协同发展。教师能力标准通过提高教师的专业能力，优化了课程设计与教学策略能力标准的规范性，使教学活动能够更加系统化，避免了传统教学中目标模糊、策略单一的问题。随着教师能力标准的推广，教育生态的整体效能会得到显著提高。

教师能力标准的动态调整机制使其能够在教育生态中形成正向的反馈环节。通过教师在实践中对能力标准的反思和完善，高校能够不断优化能力标准的内容与形式，使其更加适应教育环境的变化，提高能力标准的适用性，推动教育生态的持续创新与发展。

第四节　终身学习的理念

一、终身学习的发展背景

终身学习理念的提出始于20世纪60年代，是社会进步的必然要求。对于高校教师而言，终身学习是职业和专业化发展的必然要求。一方面，信息化与全球化的深入发展对知识更新的速度和广度提出了前所未有的挑战，传统的知识获取方式已经难以满足社会对人才培养的高要求，教师必须通过持续学习来保持与时代同步。信息技术的广泛应用使知识的生产与传播变得更加迅速，知识的半衰期逐渐缩短，这就要求高校教师在职业生涯中不断学习和适应，以便在教育实践中传递最新的知识和方法。全球化背景下，不同文化和教育理念的碰撞与融合对教师的教育视野和跨文化理解力提出了更高的要求。高校教师通过终身学习能够在教学中融入多样化的知识体系和教育资源，使个人的专业化水平得到有效提高。这样的教育实践更具全球视野和开放性，为教育事业的国际化发展奠定了坚实基础。另一方面，随着教学改革的推进，新课程改革更加注重学生的综合素质培养和个性化发展，这对教师的教学设计能力、课堂管理能力和学生引导能力提出了全新的要求。教师需要掌握多样化的教学策略、具备灵活调整课程内容和方法的能力，以满足不同学生的需求。随着教育环境的不断变化，教师需要应对新技术的普及和教育资源的快速更新。通过终身学习，教师能够不断积累新的技能与经验，使教学活动始终处于优化状态。终身学习的理念在这样的背景下应运而生，它主张教育是一个持续的、生命周期内的过程，涵盖了从正规教育到非正规学习的各个阶段。终身学习主张将学校教育、家庭教育和社会教育有效地结合起来，形成一个全方位的教育支持系统。

二、终身学习的特点

终身学习是现代社会的重要教育理念，反映了人们对学习过程的全新理解和要求。终身学习具有鲜明的特点，主要体现在以下几个方面（图 2–3）。

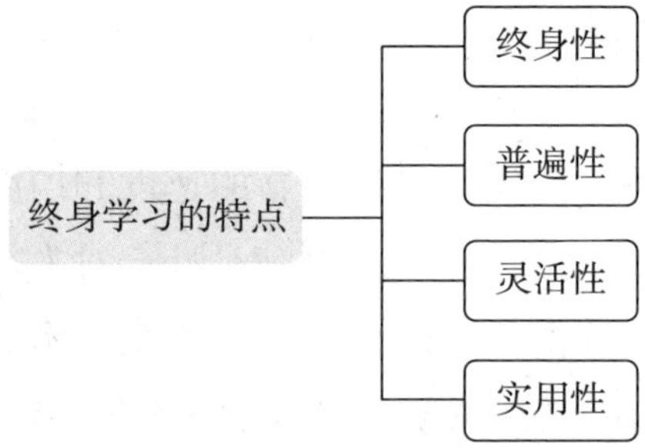

图 2–3　终身学习的特点

（一）终身性

终身学习强调学习是一个持续的过程，它伴随个体的整个生命历程。终身教育突破了传统教育系统内的学校教育的框架，包括成人教育、职业培训、在线课程等各种形式，确保个体在不同生命阶段都能够找到适合自己的学习路径和学习资源。

对于高校教师来说，终身学习需贯穿其整个职业生涯，从初入职场阶段到资深阶段，教师需要不断适应教育环境的变化，通过持续学习更新自己的知识体系和实践能力，以满足学生发展的多样化需求。终身性体现了教师职业的长久发展和个人的不断成长，在不同的职业发展阶段，教师的学习目标和学习形式也会进行动态调整。

（二）普遍性

终身学习的普遍性主要体现在它具有广泛的适用范围，不受年龄、经验、学科等方面的限制。现代社会的每个人都需要学习新的知识和技能以适应快速变化的环境，普遍性强调了每个人都有权利和责任继续学习，以提高自身的生存和发展能力。社会的发展促使个人不断提升自我，追求更高的生活质量和精神层次，而终身学习为实现这些目标提供了必要的知识和技能。

终身学习的普遍性使不同层次的教师都能够在不断变化的教育背景下进行学习，获得不同的成长和突破。一线教学工作者、学术研究者等都能够通过终身学习实现发展，对于他们来说，教育理论的更新、新技术的应用、教学方法的改进以及学生需求的变化都可以通过学习来适应。

（三）灵活性

随着技术的发展，终身学习展现出前所未有的灵活性，主要体现在学习者可以根据自己的时间、地点和具体需求选择最合适的学习方式。这不仅使个人更有效地将学习融入日常生活，还使得学习内容更加贴近实际需求，强调了学习的即时性和相关性。

（四）实用性

终身学习的实用性主要体现在其能够直接帮助人们解决工作和生活中的问题，促进个人职业发展，提高生活满意度，并丰富个人的精神世界。终身学习不仅仅是学习特定知识的过程，更是一种生活方式，鼓励个体不断地探索、发现并实现自我完善。在这一过程中，学习被视为探索自然和社会的重要工具，它帮助个体不断适应社会，掌握新的生存技能。随着知识更新的加速和社会环境的不断变化，终身学习变得尤为重要，个体必须通过不断学习来提高自己的能力和理解力，以跟上时代的步伐。

三、终身学习的意义

终身学习作为一种教育理念，在现代社会中被广泛认可，尤其在教师的职业发展中扮演了不可或缺的角色，是教师职业发展必不可少的条件。终身学习具有以下意义。

（一）满足新课程改革对教师角色的要求

新课程改革主要聚焦于对高校学生综合素养的培育，对高校教师的知识水平和教学能力等方面提出了更高的要求。教师不能单纯依靠职业初期积累的经验和知识，需要通过持续的学习来提升自我。在新课程改革背景下，高校教师的角色也发生了根本性变化，从知识的传递者变成学生发展的促进者和指导者。这一转变要求高校教师具备高尚的师德、深厚的专业学识以及多方位的能力。为了满足这些新的职业要求，教师必须致力终身学习，不断更新自己的教育理念和教学方法，以适应教育改革的需求。

通过终身学习，高校教师能够深入理解新课程改革的核心理念，提高对课程目标的理解和执行力，不断学习新知识和新技术并将其灵活运用于教学活动中，为学生带来高质量的学习体验。

（二）实现自我发展的重要途径

在关注学生发展的同时，教师的成长同样重要，终身学习为教师职业成长、实现自我发展提供了重要途径。通过持续学习和自我提升，教师能够开拓新的教育视角，增强职业认同感和归属感，实现职业生涯的持续发展和个人价值的最大化。特别是在快速变化的教育环境中，教师通过终身学习能够掌握最新的教育技术和教育方法，保持职业活力和职业生涯中的竞争力。终身学习为教师在课堂教学、学术研究、教育管理等方面提供了持续提高的机会，有效提高了教师专业素养，还使教师能够在参与教育政策研究、教育技术开发等多个领域取得创新和进步，大大拓展了教师职业发展的可能性。

（三）体现职业责任意识

高校教师作为社会责任的重要承担者，在教育活动中能够对学生起到引导和塑造的作用。通过终身学习，教师能够积累丰富的专业知识、拓宽视野，更好地履行职责，为学生提供更高水平的教育支持。教师的职业责任不仅仅体现在传授知识上，更关乎文明的传承和对学生人格的塑造，在道德引领和文化传播中发挥着无可替代的作用。这要求教师必须具备高度的责任意识，通过终身学习不断提高自己的道德修养和专业水平，实现对教育质量的不懈追求和对学生需求的敏锐把握。教师的终身学习是其职业责任的一部分，教师需要通过终身学习深入理解学生心理和社会环境的变化，更有效地支持学生在学术和人格上的全面发展。

（四）适应新教材的教学需求

随着教材的不断改革，高校教师只有不断学习和更新自己的知识库，才能够有效应对新教材带来的挑战。新教材反映了最新的教育理念和学科知识，教师通过终身学习能够提高驾驭新教材的能力，及时掌握最新的教育动态和教育资源，为学生提供更好的学习体验。

终身学习使教师能够掌握新教材的理念和技术，将新知识融入教学实践中，并在课堂探索中不断反思和调整，优化教学策略，推进新教材的顺利实施，使教育更具前瞻性和创新性。通过终身学习，教师能够提高自身的教学技巧，培养教学过程中的创新精神，增强教学活动的有效性。

四、终身学习的原则

终身学习过程需要遵循以下原则。

（一）学习目标的明确性与灵活性原则

明确的学习目标是终身学习的基础，它为高校教师提供了努力的方向和动力。目标需要与教师自身的职业发展和学术要求相契合，也应具有一定的灵活性，以适应教育环境的变化。设定学习目标时，教师需要考虑个人兴趣、教学任务以及教育发展的需求。短期目标可以为教学实践提供具体指导，而长期目标能激励教师不断向更高层次发展。灵活性使得学习目标不局限于固定的框架，能够随着学术研究的进展和教学经验的累积进行动态调整，根据实际需求优化学习内容，确保学习能够真正满足职业发展和教学需求。

（二）自主学习与协作学习的有机结合原则

终身学习既是一种个人活动，又是一种群体互动。高校教师在学习过程中需要发挥主动规划学习内容、选择适合自己的学习方法、在自我驱动下完成学习任务等自主学习的能力。自主学习能够让教师根据自己的节奏和需求，灵活安排学习计划，实现个性化发展。协作学习能够在更大范围内促进知识共享和观念碰撞。教师之间通过集体研究、学术讨论和跨学科合作等形式，从他人的经验和知识中获得启发。协作学习能够提高教师的专业水平，通过团队互动培养教师的合作精神和创新能力。自主学习与协作学习的有机结合，可以帮助教师既保持个人发展的独立性，又在群体互动中获得支持和激励。

（三）理论学习与实践反思的结合原则

理论学习为终身学习提供了知识基础，而实践反思是将理论转化为行动的重要环节。高校教师在教学过程中需要不断运用所学理论来解决实际问题，通过教学设计、课堂管理和教育评估等实践活动检验学习的效果。实践活动中的反思过程尤为重要，它能够帮助教师从经验中提炼出新的知识和方法。在反思过程中，教师要分析教学行为的过程和效果，寻找改进的方向，使学习不再局限于知识的获取，而成为一个动态的改进过程。

（四）持续学习的长期规划原则

终身学习的核心在于持续性，它要求高校教师将学习视为贯穿整个职业生涯的活动，而非阶段性任务。高校教师需要制订清晰的长期规划，除了包含教师个人的职业发展蓝图外，也需要与高校的教育目标相结合。长期规划的实施需要考虑学习内容的广度和深度。教师在不同阶段可以选择不同的学习重点：初期以专业知识的巩固和教学技能的提高为主，中期注重学术研究的拓展和教育技术的运用，后期则专注于经验总结和知识创新。通过制订长期规划，教师能够有条不紊地提高自己的综合能力，为教育事业的发展做出更大的贡献。

五、高校教师的终身学习

终身学习作为当代教师职业发展的核心，强化了教师在教学和个人成长方面的能力，展示了其对于教育职业持续性的承诺和责任。高校教师的终身学习包括终身学习的内容、终身学习的途径两个方面，具体如图 2-4 所示。

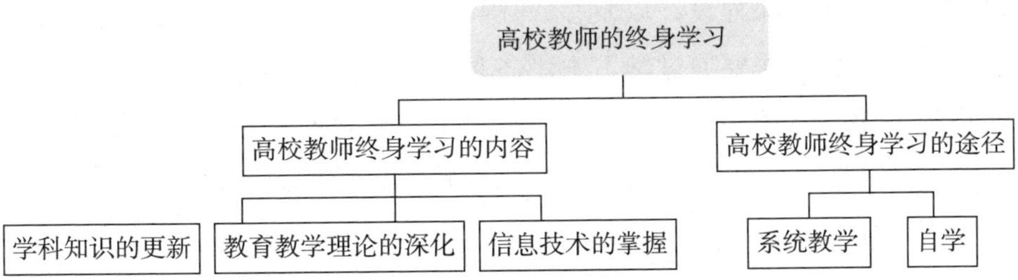

图 2-4 高校教师的终身学习

（一）高校教师终身学习的内容

高校教师终身学习的内容非常广泛，主要涉及学科知识的更新、教育教学理论的深化、信息技术的掌握等，这些内容相辅相成，共同构成了支持教师专业化发展和实现持续成长的知识体系。

高校教师除了学习专业学科，还要学习教育学、心理学、管理学等与教育相关的其他学科，深入理解各学科的历史、结构和相关理论，实现对教学过程的整体把握。通过对各学科的深入学习，教师能够在教学过程中更加得心应手、因材施教，有效促进学生的发展。随着科技的快速发展，各学科领域不断产生新理论、新方法，教师需要通过终身学习掌握学科前沿知识、提高教学水平、改善学生的学习效果。教师需要注意将学术研究与教学实践结合，主动探索最新的学术动态，并将其融入课堂教学中。

教育教学理论的深化能够促进教师专业能力的提高。现代教育更加注重个性化和创新性。因此，教师需要学习并理解教育心理学、学习科学、教育评价等理论知识，为设计和实施更有效的教学策略提供理论支撑。通过对理论知识的学习，教师能够优化教学设计，更好地理解学生的学习行为与心理发展特点，为学生提供有针对性的支持。

教师还需要掌握现代信息技术，将这些技术应用于教学中。数字化教学资源、在线课程设计以及多媒体工具的应用已成为现代课堂的重要组成部分，教师需要通过学习熟悉各种技术工具及其在教学中的应用方法以提高课堂互动的效果，为学生提供更多元化的学习体验。信息技术也为教师个人学习提供了便利，教师能够随时随地通过在线平台获取最新知识，与全球教育资源接轨，保持教学内容的现代性和全球视野。

（二）高校教师终身学习的途径

高校教师终身学习的途径多种多样，主要途径是系统教学和自学。系统教学包括继续教育和专业培训，为教师提供了结构化的学习方式，而自学强调教师的自主性和灵活性。通过这两种途径，教师能够将教育资源和个人的自学经验结合起来，形成一种全面的学习模式，满足不同阶段的职业需求，不断优化自身的专业化发展路径。

继续教育主要立足教师整体素质的提高，高校可以根据教师的不同层次采取岗前培训、骨干教师进修班、短期研讨会等不同的形式。重点是加强教师专业化教育，培养其创新精神和人文精神，提高教师的学术水平和对现代信息技术的应用能力等。专业培训的目的是规范教师的行为、开发教师的潜力、帮助教师成才，如师德师风培训、新课程与新教材培训等。专业培训通常采用讲授法、研讨法等培训方法，对推进教师专业化成长具有重要作用。

高校教师也可以通过专业阅读、在线学习与开放课程等自学途径来拓展自己的知识和技能。专业阅读是教师持续学习的重要方式，通过阅读教育理论书籍、学术期刊或行业报告，教师能够不断更新自己的知识体系，把握教育改革的最新动态，为教学创新提供理论支撑。在线学习与开放课程具有灵活性和自主性，能够满足高校教师个性化的学习需求，并且通常拥有互动功能，通过与专家的互动交流，教师能够进一步深化对学习内容的理解。

第三章　高校教师专业化发展的目标诉求与动力机制

第一节　高校教师专业化发展目标诉求的价值取向

高校教师专业化发展是推动教育事业高质量发展的重要支柱，体现了社会对教育的期望，也承载着高校教师自身成长的内在需求，其目标诉求决定了教师发展的方向，是教育改革和社会发展的重要驱动力。高校教师专业化发展的目标诉求受到内生价值和外延价值的双重影响，具体如图 3-1 所示。

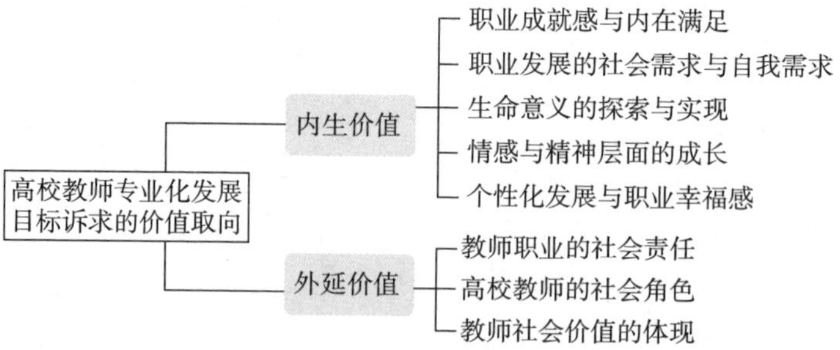

图 3-1　高校教师专业化发展目标诉求的价值取向

一、内生价值

高校教师专业化发展目标诉求的内生价值特指教师对自我需求的满足和生命内涵的完善。内生价值对教师日常的教学活动和职业成长发展具有重要影响。

（一）职业成就感与内在满足

职业成就感是内生价值的重要组成部分，它源于教师对自身职业能力和教育目标实现的肯定。通过专业化发展，高校教师能够更深刻地理解教育的意义，在教学活动中逐渐提高个人能力、体现个人价值。职业成就感的提高往往伴随着内在满足感的提高，当看到学生的成长与进步时，教师会深切感受到自己的教学成效，产生职业成就感。专业化发展为高校教师提供了更加广阔的成长空间，通过不断积累经验和技能，教师能够更从容地应对教学中的挑战，并在解决问题的过程中获得成就感。在专业化发展的过程中，教师能够逐步明确自身在教育体系中的独特地位，深刻认识到自己的职业使命与社会价值，责任感得到增强，在职业生涯中找到更深层次的意义与动力。

（二）职业发展的社会需求与自我需求

高校教师职业发展的社会需求与自我需求应当是互补的，教师在追求个人职业发展的同时应满足社会的期待，实现个人价值与社会价值的双重提高。高校教师专业化发展是一个动态的过程，是教师个人成长和完善的内在需求。通过专业化发展，教师可以不断反思自己的教学实践、调整教育策略、提高自己的专业素养、实现个人价值的最大化。专业化发展有助于教师更清晰地认识自己的职业角色和使命，提高对教育事业的认同感和归属感。教师在教学过程中应通过创新的教学方法和积极的学生互动，不断提高教育质量，对学生产生积极影响，从而实现个人的教育理念和价值观。当教师感到自己的专业成长得到认可和支持时，他们会更加积极地投入教育工作中，为提高教学质量和促进学生全面发展贡献自己的力量。

（三）生命意义的探索与实现

教师追求职业发展时，也在探索个人的生命意义。每位教师的经历和背景都是独一无二的，他们对生命的理解和内涵的探索也各不相同，对生命意义的探索是教师自身内涵丰富完善的过程，更是对教师社会功能和责任深入理解的过程。

教师的专业化发展活动是个人价值的实现、职业技能的提高、社会责任的承担等全面的自我发展过程，这一过程使教师能够在教育活动中展现其独特的个性和创造力，更好地服务于社会和文化的发展。在这一过程中，教师需要培养自己的自主性、独立性和创新性，应当在各种教育和社会背景下寻求最合适的发展策略，不断地调整和优化自己的教学和研究方法，以适应不断变化的教育需求和社会期待。教师能够通过教育实践逐步探索生命的意义，并在这一过程中实现对自身内涵的丰富与完善。生命意义的实现不仅体现在对教育目标的完成上，还包括在学生成长中感到的精神满足和价值升华。教师的生命意义还体现在对个人发展的持续追求上。在专业化发展过程中，教师不断超越自我，突破职业和学术的局限，尝试新的教学方法，探索新的学术研究领域，通过持续的突破与创新，最终能够实现个体生命的丰富与延展，也为教育领域注入更多的可能性和创造力。

（四）情感与精神层面的成长

教学工作是一种知识传递活动，更是一种深刻的情感交融与精神共鸣。从情感层面上看，高校教师通过教学实践中与学生的互动能够感受到教育的温度与力量，这种情感体验是内生价值的重要组成部分。随着教学经验的丰富，教师可以更加敏锐地感知学生的需求与变化，在教学活动中形成更加有效的教育策略。情感上的共鸣使教师的职业活动充满了人性化和个性化的特质，使教师在教学中更加贴近学生的实际需求。精神层面的成长使教师更加注重教育的深层意义，通过专业化发展，教师建立了对教育使命的深刻理解，进一步加深了对教学事业的热爱。精神上的升华促使教师在职业活动中更加投入，为教育实践注入更多的信念和热情。

（五）个性化发展与职业幸福感

高校教师在专业化发展过程中能够充分展现个体的独特性。在专业化发展过程中，每位教师都能够结合自身特点，找到适合自己的教学风格与研究领域，在职业活动中体现个性化特质、肯定自我价值。个性化发展的实现能够带来职业幸福感的提高，教师能够通过发挥自己的特长和兴趣在教学和研究中找到职业活动的乐趣与意义。学生的成长和社会的认可也会提高教师的职业幸福感。

二、外延价值

高校教师作为社会的一部分，其专业化发展的目标既体现了个人能力的提高和职业成就的实现，更体现了其作为“社会人”的外延价值。教师的外延价值直接关系到教育在社会中的作用和地位，是社会进步的重要驱动力之一。

（一）教师职业的社会责任

教育本身是服务于社会的活动，教师作为教育体系的主体和核心是推动社会责任落实的重要桥梁。教师承担着向学生传递知识、文化、价值观，为社会培养具备创新能力和实践能力的人才的重要职责。教师的专业化发展彰显了与社会整体利益紧密联系的社会责任，能够通过学生群体的成长对社会产生广泛的辐射效应。高校教师作为专业化发展者和学习者，他们的成长路径和职业发展需求应得到社会的广泛认可和支持。高校教师的发展不应被视为孤立的职业进步，而应被视为社会整体文化和教育进步的一部分，社会应该为高校教师提供必要的职业发展资源和机会，在公共支持方面给予充分的重视。高校教师的发展需求与社会对教育的需求相互影响，共同推动教育体系的进步和社会的整体发展。

（二）高校教师的社会角色

高校教师是教育体系中的关键一环，其专业化发展目标诉求的价值取向深刻体现在他们所扮演的社会角色之中，他们推动文化的传承创新、经济科技的发展进步，为社会的持续发展贡献着自己的力量。

教师作为文化的载体与传播者，通过教学将历史、文明和人类智慧传递给下一代，使社会的文化积淀更深厚，推动了文化的传承与创新。教师的研究活动也是推动文化创新的重要方式，教师在学术研究中通过探索未知领域、发现新知识，为社会注入新的文化和学术活力。教师的专业化发展并非单纯的知识积累，而是通过知识的传递和创新为社会提供源源不断的精神动力，能够对社会的文化氛围和价值导向产生深远影响。

高校教师作为社会经济发展和科技进步的重要推动者，通过对人力资源的开发和高素质劳动力的培养体现外延价值。从经济方面来看，通过专业化发展，教师能够更有效地传授与社会经济需求相契合的知识和技能，为社会培养更多具有实践能力和创新精神的人才。在这一过程中，教师的教学内容与方法也会不断优化，直接服务于社会的经济发展目标。从科技方面来看，教育与科技的联系日益紧密，教师作为科技发展的基础力量之一，能够通过自身的科研活动与创新实践推动知识的转化与应用，为社会的创新发展提供了强大的智力支持。

教师的角色和地位并非固定不变，而是随着他们的教育水平、教学成就和社会认可度的变化而变化。例如，随着教育水平、教学成就的提高，教师的市场价值也会提高，反映在更高的薪酬和更大的职业满足感上；教师的社会评价和职业形象的塑造也遵循着相似的规律，与大众的期待和社会标准紧密相关。

（三）教师社会价值的体现

教师作为社会中的关键角色，其价值体现在职业行为与社会发展的紧密联系上。高校教师在教育教学过程中，通过自身的言行和示范作用，塑造学生的社会责任感和公共精神，为社会培养具有良好公民意识和道德素养的未来成员，进而促进学生的全面发展。在这一过程中，教师的专业化发展目标与社会发展需求紧密结合，确保了教育活动的社会服务功能能够得到充分发挥。高校教师还可以积极参与社会服务，利用自己的专业知识和技能为社会提供技术咨询、文化公益讲座等多种服务，将自己的专业知识和技能应用于社会实践中，增进与社会的联系和互动。这些活动能够提高教师的社会责任感和使命感，促进社会的公平进步，增强社会的凝聚力和向心力。

第二节　高校教师专业化发展目标诉求的实现方式

高校教师专业化发展目标的达成依赖于高校和教师自身的协同努力。高校是教师发展的重要依托，要为其营造适宜的发展环境；教师是专业化发展的核心主体，需要通过自身的积极行动实现成长。两者相互影响、相互促进，共同推动高校教师专业化发展的进程。

一、为高校教师营造具有融入感的生态圈

高校教师专业化发展需要一个健康和谐的生态圈来支撑，它能够提高教师的融入感，为教师提供工作与成长的资源和平台。为高校教师营

造具有融入感的生态圈的方式如图 3-2 所示。

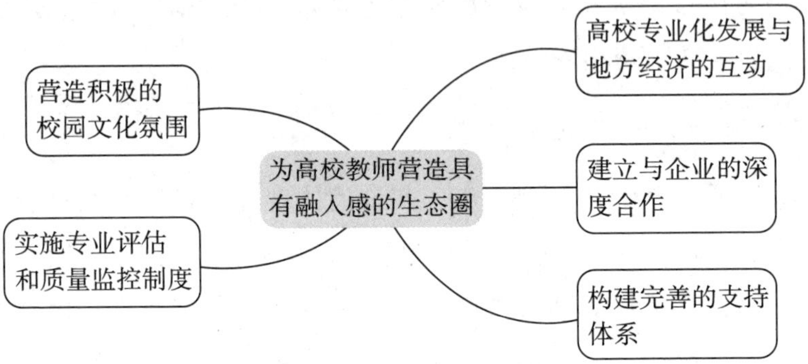

图 3-2　为高校教师营造具有融入感的生态圈的方式

（一）高校专业化发展与地方经济的互动

高校在服务地方积极发展的过程中，要充分体现教师专业化发展的价值，通过与地方产业和区域经济的需求对接，发挥其学科和专业优势。

高校在专业设置上要主动与地区的主导产业和特色产业链相对接，通过创建专业群响应地方产业的发展需求，为学生提供直接进入职场的机会，实现教育与就业的无缝对接。这种做法能够促进学生的职业发展，也能提高教师在专业领域内的实践和创新能力。高校需要依托强势学科和特色专业开发与行业需求紧密相关的课程模块，通过项目化教学方法来提高学生在具体工作环境中的实际操作能力和对行业的认同感。此类社会实践活动不仅能够丰富教师的教学内容，还能够增强学生的就业竞争力。

（二）建立与企业的深度合作

在高校教师专业化发展过程中，高校为增强教师的融入感并促进其专业化发展，需要积极建立与企业的深度合作，促进教师理论知识与实践的结合。高校可以通过构建校企合作平台为双方提供交流与合作的桥梁，如定期举办研讨会、技术交流会等活动，为教师和企业专家创造面对面交流的机会，共同探讨行业前沿问题和技术创新点。高校还可以鼓励教师与企业联合申报科研项目，共同进行技术研发和创新。这样不仅能提高教师的科研能力，还能将研究成果快速转化为实际应用，为企业创造经济效益。

高校应根据社会经济的发展趋势，建立由企业专家主导的专业建设咨询团队。团队要参与专业设置、教学改革、师资队伍培养、课程开发、实训基地建设及毕业生就业路径的开拓等方面的工作，并提供专业的建议和支持。高校还可以与企业合作开展实习实训、联合培养研究生等项目，让学生在企业中得到实践锻炼，提高他们的职业素养和就业竞争力。企业也可以从这些项目中选拔优秀人才，以人才保障企业的持续发展。

（三）构建完善的支持体系

高校作为教师专业化发展的重要平台，必须构建制度支持、资源保障、学术引导等完善的支持体系以满足高校教师多样化的需求。制度支持是教师专业化生态圈的基础，高校需要制定科学合理的管理制度，为教师的教学、研究等活动提供明确的方向和保障；资源保障体现在教学设施、研究经费和职业培训等方面，教师只有在充足资源的支持下才能专注于教育实践和学术探索；学术引导通过专业指导、学术研讨和研究项目的协作，使教师能够紧跟学科前沿，持续提高专业水平。

（四）营造积极的校园文化氛围

高校文化建设对高校教师的专业化发展具有潜移默化的影响，通过营造尊重学术、注重创新的校园文化，能够激发教师的职业热情和学术动力。高校应倡导学术自由与创新，鼓励教师勇于探索新知识、新技术，并支持跨学科交流与合作。高校应丰富校园文化生活，组织多种形式的文化活动，增进教师之间的交流与合作，提高教师的专业素养和团队精神。文化氛围的建设需要高校在日常活动中注重师生互动、学术讨论和团队建设，这种无形的支持能够显著提高教师对学校的认同感和归属感。

（五）实施专业评估和质量监控制度

高校还应建立一个全面的专业评估系统，如与行业和企业专家组成的教学指导委员会，以及辅导员和专任教师参与的就业指导委员会，实施以就业竞争力、生源竞争力、人才培养实力和就业满意度为核心的专业评估。专业评估有助于高校调整和优化课程设置，以及通过定期的预警系统来调整不符合市场需求的专业，确保教学质量和专业的适用性。还要建立完善的教学质量监控体系，确保教学质量符合高校标准和社会需求。在此基础上，高校应完善激励机制与奖惩制度，对表现优秀的教师给予表彰和奖励，激发教师的工作热情和创造力。

二、教师充分激发自身发展动力

在高校教师专业化发展进程中，学校的支持固然重要，教师自身的主观能动性更为关键。教师只有充分激发自身发展动力，积极主动地参与专业成长的各个环节，才能真正实现从内而外的蜕变。具体来说，教师需要做好以下几个方面。

（一）提高专业能力

一方面，高校教师要夯实实践教学能力，如主动参加高校组织的各类实践教学培训，积极向其他教师请教，分享实践教学心得，学习先进的实践教学理念与方法；主动申请前往企业进行专业实习，深入了解企业实际运作，将理论知识与实践紧密结合，提高自身实践能力和专业素养。另一方面，高校教师要熟悉学科前沿动态，积极参与科研项目，勇于探索新的研究领域和方法，拓宽科研视野，提高科研水平。

（二）促进多方资源整合与合作

高校教师应该积极参与高校与企业共建的特色教学资源库建设工作，

主动吸收企业的优秀实践经验，与企业共同开发实践课程资源。教师还应积极参与专业建设工作，根据行业发展需求提出合理的专业调整建议，推动产学研深度融合。

（三）追求自我成长

高校教师应结合自身专业特点和职业发展目标，制订具有可操作性的短期、中期和长期个人发展规划，明确各个阶段的发展任务和目标，根据规划有针对性地参加培训、学习和实践活动，不断提高自己的专业水平。通过不断学习新知识、新技术，教师可以不断优化自己的知识结构，不仅提高自己的专业能力，也为未来的职业生涯奠定坚实基础。

高校教师的专业化发展是一个动态、持续的过程。教师通过不断地提高专业能力、促进多方资源整合与合作以及追求自我成长，能够不断适应学科变化，成为更具竞争力和影响力的教育者。

第三节　高校教师专业化发展的内在动力与外在动力分析

高校教师专业化发展的动力主要来自内在和外在两方面。内在动力来源于教师对职业发展的自我驱动，而外在动力来源于必要的环境保障与支持体系。内外动力的交互作用影响着教师个体的成长轨迹，直接关系到高校教学与科研水平的整体提高。

一、高校教师专业化发展的内在动力分析

高校教师专业化发展的内在动力能够推动教师在职业生涯中不断超越自我，为教育事业注入持续发展的活力。以下从多个维度对高校教师专业化发展的内在动力进行分析（图 3–3）。

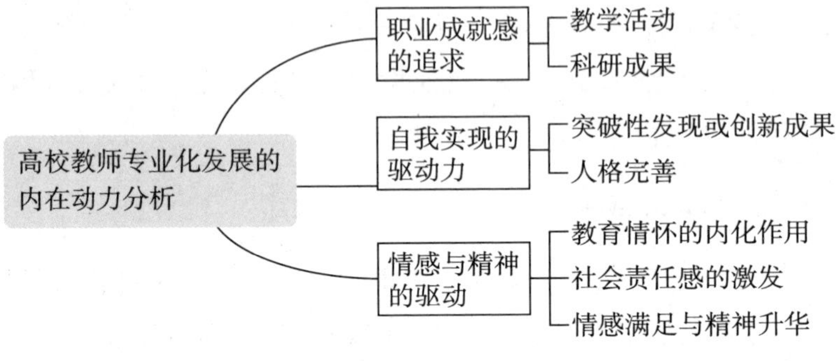

图 3-3　高校教师专业化发展的内在动力分析

（一）职业成就感的追求

教师的职业成就感是教师积极工作与学习钻研的精神支柱，它反映了教师的职业体验水平，可以折射出教师对岗位的认识及积极进取的力量。[①] 教学活动和科研成果是教师职业活动的两大重要领域，教师职业成就感的获得往往与这两个方面息息相关。

1. 教学活动

教师在课堂中顺利地传授了知识并得到了学生的积极反馈时，他们会感到职业活动的意义。学生对知识的吸收、思维的拓展以及学习能力的提高直接反映了教师教学工作的价值。教师还非常关注学生的成长发展，当学生取得学术进步、职业突破甚至社会成就时，教师都会感到自己的付出得到了回报，为社会做出了贡献，这也是教学工作带来的延续性成就。

2. 科研成果

学术研究的过程需要教师投入大量的时间与精力，进行深入的调研、实验和分析，但科研成功带来的满足感可以缓解此过程中的压力与挑战。当教师完成了一项具有创新意义的研究或在学术领域产生影响时，他们

① 张丰．校本研修的实践嬗变：教研工作手记 [M]. 杭州：浙江教育出版社，2011：31.

的职业成就感会得到显著提高。通过深入研究某一领域或课题，教师能够不断拓宽自己的学术视野，深化对专业知识的理解，进而提高自己在学术界的地位和影响力。科研成果的取得还能够为高校教师带来更多的机会和资源，他们可能因此获得更多的科研项目和资金支持，有机会与国际知名学者进行交流和合作，甚至获得更高的学术职位和荣誉。这些机会和资源的积累将进一步推动教师的专业化发展，使其在学术道路上走得更远。

（二）自我实现的驱动力

教师的专业化发展深受自我实现需求的驱动，这种驱动是高校教师职业生涯中不可或缺的内在动力。在职业发展过程中，教师应通过不断学习与研究扩宽学术视野、深化专业理解，通过知识的积累提高学术水平、推动学科发展。教师在知识探索中的成就感来自每一次突破性发现或创新性成果，这种成就感激励他们在职业道路上不断前行。人格完善是自我实现的另一重要维度。教师在教学和科研中可以提高学术能力，在职业实践中完善自身的人格特质，与学生的互动可以使教师在关怀、耐心、责任感等方面得到锻炼，而科研活动的挑战培养了他们的毅力和创新精神。人格特质的完善促使教师在职业生涯中逐步实现对自我潜力的挖掘。职业的特殊性使教师拥有独特的生命意义构建路径，他们通过知识传递、文化传承以及社会服务将自己的生命价值延续到教育对象身上，体现了个人对职业的热爱，也深化了其对生命本质的理解。

（三）情感与精神的驱动

与学生的交流与互动既包括知识方面的传递，又包括情感上的相互沟通。学生对教师的信任与依赖是教师内在动力的重要来源，当学生在学习中遇到困难并通过教师的帮助取得进步时，情感的反馈能够使教师感到职业的独特价值。教师应通过教学与科研实践将职业活动上升为精神活动，赋予其更深远的意义。

1. 教育情怀的内化作用

教育是一项充满情感的事业，高校教师对教育的热爱往往源于对知识的尊重和对学生的关怀。这种情感并非表面的形式化表现，而是一种内化于心的价值信仰。在教育过程中与学生建立的深厚情感使教师更加专注于教育本身的价值，教育情怀是教师克服教学困难、突破学术瓶颈的重要支撑点。情感的驱动作用影响着教师对教育事业的长远规划和承诺，使他们更加主动地参与专业化发展的各类活动。

2. 社会责任感的激发

高校教师作为知识传播者和文化传承者，其职业角色天然包含着社会责任感。高校教师在专业化发展的道路上往往将个人的成长与社会的需求联系起来，他们关注自己的专业成就，更注重通过教育推动社会进步和学生成长，对社会责任的认同促使教师在教学中追求卓越、学术研究中勇于探索。内在的精神驱动使教师能够克服职业发展的阻力，保持持久的热情和动力。

3. 情感满足与精神升华

教师在教学中获得的情感满足感是精神驱动的重要表现，当看到学生取得进步或学术成果受到认可时，成就感会转化为情感的回馈，进一步激励教师改进教学方法、丰富课程内容。教学的互动过程满足了教师的职业成就感，增强了师生之间的情感联系，为教师的职业生涯注入了更多温暖和动力，使他们愿意在教学中不断超越自我。学术研究的内在驱动力来源于知识探索和真理追求的精神升华。教师在研究中面对未知领域时充满了对突破现有知识界限的渴望，通过不断积累学术成果，既丰富了自身的知识体系，又感到学术创造带来的精神愉悦。在此过程中形成的独立思考能力和创新意识也能反作用于教师的教学实践，形成教学与科研的良性循环。

（四）个人成长与创新愿望

个人成长包括学术能力的提高、教学艺术的完善以及跨领域合作能力的培养。创新愿望则体现为教师对职业活动中的创造性追求。教师的成长体现在学术能力、教学技能、管理能力和跨学科思维能力等方面的全方位提高。教师在教学与科研中不断积累经验，这些经验会促使他们反思自己的不足，并通过学习与实践不断改进。这一过程中，教师的自我驱动力起到了关键作用，无论是对学术新领域的探索还是对教学新模式的尝试，教师总是以成长的需求激励自己迈向新的高度。

教育领域需要持续的创新来适应时代的发展，而教师作为教育实践的核心力量，其创新意识已成为推动教育改革的重要因素。高校教师通过结合自身的学科特点和教育需求，在教学内容、方法和技术上进行创新，为教师个人的职业发展注入了更多活力。创新愿望的实现使教师能够在职业生涯中保持探索的动力，持续推动教育实践和学术研究的发展。

随着知识的快速更迭，高校教师需要不断更新自身的知识储备，以适应学术前沿和教育需求的变化。知识更新是教师内在成长需求的表现，教师通过阅读文献、参加学术会议和与同行交流，能够及时掌握学科发展的动态，将最新的研究成果融入教学和科研中。持续更新知识的过程不仅可以使教师始终处于教育和学术发展的前沿，还可以体现教师个人成长与专业化发展的高度契合。

二、高校教师专业化发展的外在动力分析

高校教师的专业化发展离不开外在动力的支持，包括政策导向、评价体系、资源配置、社会需求等多个层面外部环境对教师的激励与约束（图 3-4）。

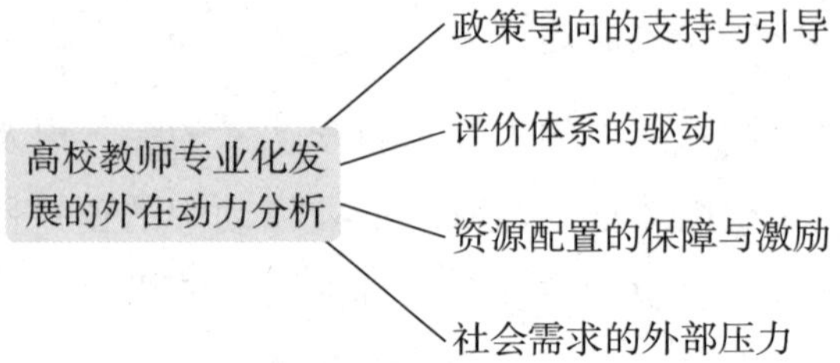

图 3-4　高校教师专业化发展的外在动力分析

（一）政策导向的支持与引导

教育改革政策、学科建设规划、科研资助计划等能够为教师的专业化发展设定清晰的目标与路径。教育政策中关于教师职业发展的教师资格认证、职称评定以及学术奖励等具体规定都对教师的专业化发展产生直接的推动作用。政策导向还设定明确的发展目标和优先领域，旨在为教师提供职业发展的方向。教育现代化的推进、学科交叉融合的倡导等政策目标为高校教师的教学与科研活动提供了重要的指引，教师应在政策的框架下调整教学内容和科研选题，以更好地响应政策要求，实现职业活动与教育目标的契合。专项资助、科研经费分配和人才引进计划等措施为教师的职业活动提供了物质基础，资源倾斜激励教师积极参与教学改革和科研创新，不断提高专业能力。

（二）评价体系的驱动

科学合理的评价体系是衡量教师职业活动的标准，也是其努力方向的重要指引。高校设置教学质量评价、科研成果评估以及服务贡献考核等多维度的评价指标，能够激励教师不断追求更高水平的教学与研究。教学质量评价是推动教师改进教学方法与增强课堂效果的关键因素。通过学生反馈、课堂观察以及教学成果评估等方式，高校能够为教师提供明确的改进方向，使教师意识到自身教学中的优势与不足，激励教师不断优化教学策略。

学术论文的发表数量、科研项目的完成情况以及学术奖励的获得等是衡量高校教师学术水平的重要标准。教师在评价机制的驱动下不断追求学术创新与突破，能够获得更高的职业认可与学术地位。一些高校通过引入教学与科研平衡的综合评价体系，鼓励教师在教学实践与学术探索中实现双向发展。多元化的评价方式有利于提高教师对职业发展的信心，能够使其在教学与科研活动中找到平衡点，促进教师的专业成长。

（三）资源配置的保障与激励

高校充足的教学资源、科研设备能够为教师的职业活动提供坚实的基础。教学资源的优化配置能够激励教师积极参与课程设计与教学活动，如多媒体设备、在线教学平台以及现代化的教学实验室为教师创造了更多教学创新的可能性，提高了教师的教学效果和对职业活动的投入感。通过资源的高效配置，高校能够吸引更多的优秀教师参与科研创新，并通过优质成果的产出提高高校的学术影响力。

（四）社会需求的外部压力

教育与社会发展之间的紧密联系使教师的职业活动必须符合社会需求的变化。无论是高素质人才的培养还是科技成果的转化，教师的专业化发展都直接关系到社会对教育成果的期待。社会对教育公平与质量的关注促使高校教师在教学活动中不断改进方法、提高效率。通过满足学生和家长对教育资源多样化的需求，教师能够提高自身职业活动的社会价值感。社会对创新型人才的需求也推动教师在课程设置与教学内容上进行更多的尝试，为学生未来的职业发展提供更加贴合实际的知识与技能。社会需求的外部压力还表现在对科研成果实际应用的要求上。高校教师在科研活动中需要考虑如何将学术研究转化为社会服务或技术应用。通过参与校企合作、科技创新项目以及社会服务计划，教师的学术成果能够为社会发展做出直接贡献，赋予教师的职业活动更多的社会意义。

第四节　高校教师专业化发展的动力规律与提高措施

高校教师专业化发展的动力规律与提高措施是推动教师成长与高校教育质量提高的关键议题。在专业化发展的过程中，教师作为知识传授者和学术研究者需要面对多重挑战和机遇，而动力机制的有效运行是教师专业化发展的核心支撑。在此基础上，高校可以通过一系列措施进一步激发教师的职业潜力，促进其在教学、科研和社会服务领域的全面发展，为教育事业的高质量发展注入持久动力。

一、高校教师专业化发展的动力规律

高校教师专业化发展的动力规律是一种复杂的系统性机制，涉及正负动力的演变规律、动力盈亏的联动规律、动力增减的变异规律等。

（一）正负动力的演变规律

在高校教师的专业化发展中，动力因素的作用至关重要，但这些动力并非全部对发展有正向作用。根据性质的不同，动力可以被划分为正向和负向两种，它们在教师的职业进程中扮演着不同的角色。

正向动力是那些能够积极推动教师向更高专业标准发展的因素，通常与教师的个人职业目标和社会教育需求相契合，能够激励教师在教育实践中不断创新和提高。例如，定期的专业培训、持续的学术研究支持、积极的工作环境等都能够作为正向动力，促进教师的专业成长。正向动力共同作用于教师的专业化发展，形成了一种动力机制，推动教师在职业生涯中持续进步，不断更新教育内容和教学方法。正确利用正向动力能够有效地激发教师的内在潜能，使其在教育实践中发挥出更大的价值，也能提高教师的职业满意度和自我实现感。高校可以建立正向动力系统，

为教师创造一个充满挑战与机遇的职业发展环境，促进整个教育体系的健康发展。负向动力则是那些阻碍教师职业成长的因素。理解教师专业化发展的正负动力演变规律对于优化教师发展战略至关重要。当教师职业环境中的正向动力超过负向动力时，教师的发展通常会较为顺利。相反，如果负向动力过多则可能导致教师职业成长的停滞甚至后退。因此，为了有效地促进教师的专业化发展，教育管理者和政策制定者需要细致地调整这些动力因素，通过提高教师的工作满意度、职业认同感和自我效能感等增强正向动力，减少负向动力的影响，创造一个有利于教师持续成长和贡献的职业环境。

（二）动力盈亏的联动规律

高校教师专业化发展的动力盈亏是教师职业活动中内在与外在驱动力交互作用的结果，它的动态平衡对教师的职业表现具有重要影响，决定了教师专业化发展的方向。理解动力盈亏的联动规律有助于高校在实际管理中精准控制教师的动力状态，优化其专业化发展的路径。

动力盈余是指教师在职业活动中表现出强烈的内在驱动力和外在环境支持的平衡状态。教师在这种状态下能够高效完成教学与科研任务，并在职业发展中保持高度的积极性。职业成就感是动力盈余的重要来源之一。教师通过教学活动获得学生的认可或通过学术研究取得重要成果时，其职业满足感会显著提高，促使其在未来工作中设定更高的目标、取得更大的进步。学术支持和资源保障是动力盈余的外在支柱。高校为教师提供充分的教学资源、科研经费以及学术交流平台，能够为教师的职业发展创造优越条件。这些支持性环境促使教师更主动地参与教学改革、科研创新以及团队合作，在职业活动中展现出创造力和高效的执行力。当外部环境的激励与个体内在动力相结合时，教师的职业表现可能显著优于原有水平。例如，获得重要奖励或晋升机会后，教师的动力水平可能迅速攀升，并持续在学术和教学领域表现出高度积极性。动力亏损是教师在职业发展过程中面临的主要挑战之一。当教师的内在驱动力不足或外部环境对其职业支持不足时，动力亏损的现象会逐渐显现，影响教师个体的职业表现，还可能波及团队和组织的整体效率。

在高校教师的专业化发展中，理想的状态是动力的平衡，即正向动力与负向动力之间达到一种动态的平衡状态。教育管理者和政策制定者应通过有效的制度设计促进这一平衡的实现，如通过调整评价体系鼓励教师在教学和研究之间取得平衡，而不是单方面地追求学术成就；实施灵活的职业发展政策，既满足教师个人发展的需求，又适应教育行业的变化和挑战。在管理实践中，应当注意动力盈余可能带来的资源浪费和职业倦怠，动力亏损则可能导致教师潜力未被充分发挥。因此，进行细致的策略调整，制定创新的激励机制可以有效调节教师的动力盈亏，为教师提供一个持续发展的良好环境。

（三）动力增减的变异规律

高校教师专业化发展过程中动力的增减并不是固定不变的，而是呈现出明显的变异性。通过观察动力增减的变化可以得出变异规律，这种变异规律是内在动机、外在环境、职业阶段、个体差异等多重因素共同作用的结果。对动力增减的变异规律的研究有利于高校优化教师专业化发展的策略。教师专业化发展中动力增量反映了教师在接受新的教学理念、技术或策略时的积极响应，通常是由工资增加、职位晋升、职业认可等外部因素触发的。动力减量通常是教师感到的障碍或挑战导致的。长期动力减少不仅会影响教师个人的职业发展，还会影响高校的整体表现。

教师动力的增减变异具有明显的阶段性特征，这种规律与教师的职业发展阶段紧密相关。不同阶段的教师在面临动力变化时，其表现和应对方式各有不同。职业初期的教师通常具有较高的内在动力，对教学和科研充满热情，希望通过自身努力实现职业目标。然而，由于经验不足或环境适应的挑战，这一阶段的动力波动性较大，教师可能因初期的成功而快速增强动力，也可能因初期的挫折而出现动力下降的情况。职业中期是教师动力状态相对稳定的阶段，这一时期教师通常已经建立了较为清晰的职业目标，并积累了一定的教学与科研经验。随着外部环境的变化和职业倦怠感的累积，此阶段的教师可能面临动力减弱的风险。此时，外部支持和职业发展规划的科学性就显得尤为重要。职业后期的教师动力状态呈现出两极化趋势。一部分教师因职业成就感的积累和外界认可的增加，动力水平达到职业生涯的高峰；另一部分教师则可能因年龄、健康或外部环境的限制，动力逐渐衰退。高校需要采取针对性的措施，激发职业后期教师的职业热情，并为其提供适当的支持。

教师的专业化发展需要动力的合理调控，以确保教师能持续成长并有效应对职业生涯中的各种挑战。高校应该采取有效的策略平衡教师的动力盈亏，通过定期反馈和教师参与的策略制定过程，使教师感到职业发展的支持和价值。

二、提高高校教师专业化发展动力的措施

高校通过多项措施的实施，能够有效提高教师的职业满意度和成就感，推动高校整体教育质量的持续提高（图 3-5）。

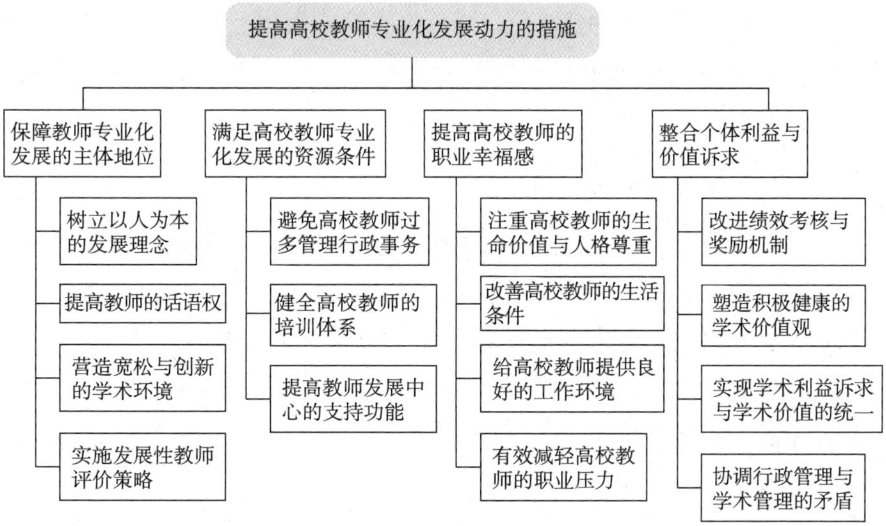

图 3-5　提高高校教师专业化发展动力的措施

（一）保障教师专业化发展的主体地位

高校教师是教育事业发展的重要力量，其专业化发展直接关系到教育质量的提高和社会的进步。在推进高校教师专业化发展的过程中，高校要将教师置于专业化发展的中心、提高教师的话语权、营造宽松与创新的学术环境、实施发展性教师评价策略，激发教师的内在动力，为教师专业化发展提供充足的空间和保障。

1. 将教师置于专业化发展的中心

高校应将教师置于专业化发展的中心，充分尊重教师的职业需求和个性化发展，将其成长需求与高校的发展目标紧密结合起来。高校应从服务的角度出发为教师提供支持和资源，而非单纯强调任务完成。这一理念的树立意味着教师参与专业化发展相关决策时，可以更自主地选择适合自己的成长路径，而高校的角色则转变为必要的支持者和便利的提供者。一般而言，由高校推动的教师专业化发展是被动的，由自我实现推动的教师专业化发展是主动的，最大限度、可持续的发展肯定是教师主动的发展。[①]高校教师专业化发展的方案要充分考虑教师的个性化需求，对教师的发展愿望、职业目标及个人兴趣等方面进行深入了解，使其真正符合教师职业生涯需求，促进教师在教学、科研及社会服务等方面能力的全面提高。

2. 提高教师的话语权

在高等教育管理体制中，教师往往处于执行层，其对高校事务的影响力有限。要真正提高教师的专业化发展动力，高校必须提高教师在学术决策、制度制定等方面的话语权，保障其主体地位和影响力。

高校可以借助教师会议、意见箱等渠道，确保教师能在高校制度和教育方向的制定中发表意见，促进校内的民主治理，使教师充分感受到

① 吴庆华，郭丽君．从培训走向发展：高校青年教师培养的转变[J]．高等工程教育研究，2013(4)：141-144.

自身的重要性和价值。高校还可以通过建立多层次的教师参与机制，确保教师在教学改革、科研规划和资源分配等事项中拥有实质性参与权；完善教师代表大会等民主参与机制，让教师的意见和建议能够直接反映到高校的决策过程中。这些途径能有效增强教师对高校发展的参与感，使其在专业化发展的过程中更加主动和自信。

3. 营造宽松与创新的学术环境

为确保教师能够在其专业生涯中不断进步并实现个人目标，高校需要创建一个既宽松又鼓励创新的学术环境，避免过度干预教师的学术活动。宽松的学术环境并不是不需要规范，而是需要通过科学合理的管理手段减少对教师不必要的限制，为其学术研究和创新提供更多的支持。具体而言，高校可以通过简化行政审批程序、减少对学术活动的过度评估、保障学术自由等措施来营造一个宽松的学术环境。高校还要注重构建学术共同体，通过同行之间的合作与交流，为教师提供更加开放的学术氛围，激发教师的创新潜能，增强其在专业化发展中的积极性和主动性。

4. 实施发展性教师评价策略

为了真正促进高校教师的专业化发展，高校应改进评价体系，转向以教师专业成长为核心的发展性评价策略。发展性评价基于人本主义的发展理念，利用科学的方法和工具，旨在为教师的职业发展提供支持和条件，促进教师专业能力的全面提高。

发展性评价策略关注教师的成长过程而非单一的结果指标，它综合考虑教师在教学、科研、服务等多个方面的表现，并通过阶段性评估为教师提供个性化的反馈与指导。发展性评价尊重教师个体差异，注重教师的潜力挖掘，通过设定多元化的发展目标帮助教师在职业生涯中不断提高自身能力。为确保发展性评价的公平性与科学性，高校可以引入同行评审、学生反馈以及自我评估等多种方式，从不同角度全面了解教师的职业表现，激发教师的内在动力，为其专业化发展提供明确的方向。

实施发展性教师评价策略有几点需要注意。第一，针对不同阶段的教师建立一个科学公正的评价标准体系。特别是青年教师，高校应当依据他们的实际水平、任务特点及未来发展的潜力来制定相关的评价指标和要求，进行教师专业成长路径和方向的引导。第二，采用多层次、多角度的评价方法。高校需要将教学、研究和社会服务的表现结合起来进行综合评价，融合量化的数据分析和质性的描述评价，确保评价的全面性和深入性。第三，构建一个有效的信息反馈和交流平台。这样可以确保评价结果及时、准确地反馈给教师，同时允许教师对评价内容进行回应和讨论，通过互动促进教师对自身工作的深入理解，帮助他们更好地认识自身的成长点和改进方向。第四，成立由资深教师组成的专业督导团队。高校应改变传统的由行政人员进行评价的模式，改为由经验丰富的教师为评价过程提供专业的指导和监督，确保评价活动的科学性和公正性。

（二）满足高校教师专业化发展的资源条件

高校需要满足教师专业化发展的资源条件，有效激发教师的职业潜能，为教师的专业成长提供坚实的基础。

1.避免高校教师过多管理行政事务

过多的行政事务容易分散高校教师的注意力，减少教师用于专业化发展的宝贵时间，为确保教师专注于专业化发展，高校需要避免不必要的行政干扰。高校可以重新评估教师的日常职责，切实为教师减轻非本职工作的负担。文档管理、报销流程、会议记录等行政事务会消耗教师大量的时间和精力，高校可以聘请专门的行政人员或通过优化流程来减轻教师的负担，使教师有更多时间致力教学和研究。高校要提高行政服务的质量，简化和优化各种审批和行政程序，通过明确各阶段的责任人、简化文件流转步骤和采用高效的电子管理系统等措施，减少教师在行政事务上的时间投入。如引入现代信息技术能够大幅提高行政工作的效率、减少纸质文件的使用，进一步释放教师的时间。

2.健全高校教师的培训体系

高校需借助有策略的培训体系，以适应高校教师不同发展阶段的需要，支撑教师的职业生涯发展，确保教师在任何时期都能获得必要的支持和资源。在具体实施的过程中，高校可以推动三级联动的多层次培养体系的建立。第一层次由相关管理部门牵头，通过政策支持赋予高校教师更多的自主权。第二层次由高校内部的人力资源和教务管理部门负责。高校需要紧密结合教师的岗位需求、个人发展阶段等开展针对性的校本培训。高校还要倡导教师之间的业务交流与合作，通过实践交流来促进教师的专业成长。第三层次主要涉及教师个人。高校教师要增强专业化发展的自主意识，通过合理规划个体专业化发展方案、发掘各种资源，有计划、有针对性地通过自主学习、参与学术活动、参加社会实践、在职进修、网络学习等方式进行自我发展。[①] 教师要积极参与并利用一切资源，根据个人的兴趣和职业规划选择适合自己的培训和学习方式，加速职业技能的提高。

需要注意的是，教师队伍在学科背景、研究兴趣及职业阶段等方面存在差异，因此，培训内容要多样化，能够针对不同教师的需求进行调整。值得注意的是，教师的培训不应作为一种形式或任务存在，而应该是一种能够真正帮助教师解决问题、提高能力的工具。培训内容的设计应当突出创新性和实用性，确保培训内容紧贴教师在教学和科研工作中遇到的主要问题。培训方式也应该更加强调教师的主体性，鼓励教师在学习新知识的同时，提出自己的观点和反馈。对于培训效果的评估应该从教师的满意度和培训后的实际改进来考量。只有当教师真正体会到培训带来的益处时，培训才能算是成功的。

①袁晓杰．地方高校教师专业发展存在的问题及解决对策研究：以辽宁省N高校为例[D]．吉林：东北师范大学，2012.

3.提高教师发展中心的支持功能

教师发展中心作为促进教师专业成长的关键机构，对于提高教师的专业技能和职业积极性具有不可替代的作用。教师发展中心的基本职能包括提供给教师职业成长的支持、研究和培训服务，以及为教师专业化发展提供必要的资源和指导。教师发展中心应当成为一个综合服务平台，除了支持教师的教学和研究，还要为教师提供心理健康、职业规划等方面的支持。

教师发展中心应当提供有针对性的服务，根据不同教师的需求提供个性化的支持，如为初级教师提供入职培训，帮助他们快速适应教职工作的要求和环境；为中级教师提供职业发展规划和科研项目申请的指导；为高级教师提供学术领导力的培养。教师发展中心定期举办学术讲座、工作坊和跨学科交流活动，为教师提供了一个分享经验与互相学习的平台，增强教师之间的合作关系，促进学科之间的知识交叉与创新。为了进一步提高教师发展中心的效能，高校应该加大对其人力与物力资源的投入，可以配备专业的管理团队和先进的设备，确保教师发展中心的服务质量，更好地满足教师的专业化发展需求。教师发展中心还应加强与高校人力资源部门、教务处、学生处等其他部门的协作，整合资源、优化服务，形成一个跨部门的支持网络，共同促进教师的全面发展。

（三）提高高校教师的职业幸福感

高校教师职业幸福感是指教师在自己的教育工作中获得满足、职业理想得以实现，从而发挥自己的潜能、实现自身和谐发展、获得持续快乐的体验。[①]职业幸福感对教师的职业态度和行为具有直接影响，特别是在高校教师专业化发展过程中，提高教师的职业幸福感具有深远意义。具体来说，高校要做好以下几个方面的工作。

① 蔡玲丽.高校教师职业幸福感的影响因素及增进策略[J].教育理论与实践,2010,30(36)：39-41.

1.注重高校教师的生命价值与人格尊重

高校要在教学、科研以及校园文化氛围的构建等各个方面体现对高校教师的尊重，构建平等、开放和尊重的校园文化，增强教师的职业归属感。高校在管理制度层面要尽量避免出现过度的行政化倾向，尤其是避免对教师个人事务的干涉，给予教师的专业化发展充分的自主权，避免其被外部制度束缚或过度干预。高校还需要在日常互动中体现对教师人格的尊重。高校管理者与教师之间的关系应基于平等和信任，而信任关系能够在无形中增强教师的职业自豪感，进而促使他们在专业化发展中保持积极心态。

2.改善高校教师的生活条件

对于高校教师而言，他们的专业化发展动力往往与他们的生活条件紧密相关，通过改善教师的薪资待遇、住房保障、医疗福利、子女教育等方面的生活条件，免除教师的后顾之忧，使他们专注职业活动。合理的薪资体现了对教师劳动的认可，能够提高教师对职业的满意度和忠诚度。高校应根据教师的教学、科研成果以及服务贡献制定科学合理的薪酬体系，并定期进行动态调整。许多高校位于城市核心区域，周边房价和生活成本较高，为教师提供合理的住房补贴或校内住房可以缓解教师的经济压力，增强教师对高校的归属感。完善的医疗保障能够提高教师的健康水平和心理安全感，而子女教育支持能减少家庭事务对教师职业活动的干扰。

3.给高校教师提供良好的工作环境

积极心理学强调积极的情绪与身心状态对个体自我效能感的增强作用，相反，焦虑、恐惧或紧张的情绪以及体验到的疲劳或疼痛可能降低这种感觉，并导致个体产生挫败感及悲观情绪，影响个体从困难和压力中恢复的能力。对于高校教师而言，工作环境是影响其情绪和专业化发展的一个重要外部因素。舒适和充满激励的工作环境能提高教师的工作热情、增强他们的组织归属感、减轻他们的工作压力、增强他们面对挑战的自信。教学设备的更新、科研场地的完善以及办公条件的改善等物理环境的优化能够提高教师的职业体验，使其在教学和科研活动中更加顺畅。校园环境的优化如绿色空间的建设和休闲设施的增加也能提高教师的整体生活质量。高校也可以通过加强团队文化建设，促进教师之间的协作与互助，为其营造积极的心理氛围，特别是在面对职业压力或挑战时，高校应提供心理咨询和情感支持，帮助教师更好地应对困难。

4. 有效减轻高校教师的职业压力

高校教师作为高知识密度群体，往往承受着较大的工作压力。尤其是在高校教师需要同时承担教学、科研和行政事务的情况下，压力往往会显著增加。长期的高强度压力不仅会降低教师的职业满意度，还可能导致教师出现心理健康问题和职业倦怠感。要缓解教师的职业压力，就需要对教师的工作特点和性质有深刻的理解。教师的工作过程具有复杂性和长期性，工作成果往往难以在短期内显现，其学术创新也依赖知识的长期积累与偶然的突破。因此，评价教师工作绩效的机制需要建立在对学术规律的充分尊重之上，确保教师拥有必要的时间与周期来开展学术工作。任务分配方面，高校需要注重科学合理性，应通过系统考察教师的兴趣、能力和研究领域等因素，制订更符合个体特点的任务分配计划。任务分配还需要充分考虑教师完成任务所需的时间和精力，为他们在学术交流、教育教学、专业能力提高等方面预留足够的时间空间。此外，行政服务职能需要进一步优化，做到教学科研事务与行政事务的有效分离，减少琐碎事务对教师的干扰，让教师能专注于核心工作。分配工作任务时，高校应避免以资历深浅或职称高低作为唯一参考，而是更多地倾听教师的主观意愿，将其个人选择作为分配依据的重要考量，提高教师对任务的认同感，激发他们的内在驱动力，进一步提高其工作效率和满意度。

（四）整合个体利益与价值诉求

在高校教师专业化发展的过程中，个体利益与价值诉求的整合是实现教育目标与教师职业成长的关键环节。教师作为教育体系中的核心主体，其职业表现和成长离不开利益与价值诉求的双重支持。通过合理设计机制，高校可以使个体利益与教育整体价值诉求相辅相成，有效激发教师的动力，提高其专业化水平。

1.改进绩效考核与奖励机制

在高校管理体系中，绩效考核与奖励机制是一种常见且重要的激励手段。合理有效的考核和表彰是教师工作动力的重要来源，能够为教师带来物质和精神上的双重成就感，激发他们的积极性。荣誉感的扩散效应还可以影响更多教师，形成整体性的积极氛围。实践中，良好的考核与奖励机制应与高校的发展目标紧密契合。考核设计中，高校需要以科学合理的指标为基础，确保考核内容全面且具有导向性。考核除了关注科研成果，还要重视课堂教学能力与教学成果。具体而言，高校应当细化教学评价的标准，将教学过程的质量、创新能力以及学生的学习效果作为重要评价指标，通过全面细致的考核体系为教师的职业发展提供清晰的路径，有效推动高校整体教育质量的提高。

表彰制度作为考核体系的重要延伸，需要具有较强的激励作用。高校对教师的努力与贡献进行表彰，在校内形成一种积极的工作氛围，提高教师的工作认同感和职业自豪感。认同感是个人发展动力的来源，也是高校整体学术文化的重要组成部分。高校设计表彰制度时应注重以下几点：第一，表彰要具有导向性，使教师在获得表彰时能够明确自身未来的努力方向，将荣誉转化为持续发展的动力；第二，表彰要具有广泛的覆盖面，避免单一化和局限性，应将不同领域和不同岗位的教师都纳入表彰范围，以全面激发各类教师的积极性和创造力；第三，表彰应具备一定的连续性，利用周期性和长期性的激励手段，使教师能够在工作中持续感到被认可和支持。

具体到实施层面，高校的考核与奖励机制需要注重公平性与透明性，确保每一位教师都能够清晰地理解评价标准，并相信评价结果的公正性。高校应通过设立科学的评价委员会或咨询机构，邀请具有丰富经验的教育专家参与评估过程，以保证评价标准的专业性和评价结果的权威性。高校还要建立开放的沟通渠道，广泛听取教师的反馈意见，及时优化考核与奖励机制，提高其适应性和有效性。

2. 塑造积极健康的学术价值观

学术价值观是学术行为主体对学术活动本质及其自身与学术活动之间关系的认知与判断，是调节学术行为主体间价值关系的观念集合。对于教师而言，学术价值观是学术研究的重要精神支柱，也是推动学术创新的重要内驱力。积极健康的学术价值观能够让教师在面对挫折时保持初心，在复杂的外部环境中坚持本心，潜心研究，增强对学术的信心，获得专业成长的成就感，进一步激发自身专业化发展的动力。因此，高校应当高度关注并积极促进教师学术价值观的形成与发展。要想推动教师对学术价值观的认同，高校需要重点从以下两个方面着力。

一方面，高校应激发教师的主观能动性。学术活动本质上是人类社会实践的一种形式，其终极目标在于推动社会的进步。教师作为学术活动的主体，既是学术价值的创造者，又是学术价值的实践者和传播者，需要主动参与学术价值的创造、实践与传播，将其视为自身学术生涯的重要组成部分。为了更好地促进这一过程，高校应采取多种措施，激发教师对学术研究的热情。高校可以通过科学合理的激励策略，调动教师对学术研究的积极性，使他们能够自发树立“为学术而学术”的理念，并逐步将这一理念内化为自身认知体系的一部分。学术价值的形成与传递并非个体孤立完成，而是需要在代际间延续与发展。高校要积极推动以经验传承为核心的学术共同体建设，可以邀请有经验的学者与教师进行深度互动，帮助教师树立积极健康的学术价值观，避免在学术起步阶段迷失方向。

另一方面，高校应维护学术活动的独立性与自由性。学术研究的本质在于自由探索与真理追求，任何形式的行政干预或外部压力都可能干扰这一过程。高校应该致力营造自由开放的学术氛围，使教师能够在无外界干扰的情况下专注于学术研究，真正感到学术活动的意义，对学术价值形成深刻认同。通过对学术价值观的认同与内化，教师能够提高进行学术研究的动力，在职业发展过程中更加坚定与从容。高等教育的核心使命之一就是推动学术创新，这离不开积极健康的学术价值观的支撑。高校在这一过程中应充分发挥引导与支持作用，为教师提供必要的资源与平台，以促进学术价值观的建设与传承，实现教师个人成长与学术发展的双赢。

3. 实现学术利益诉求与学术价值的统一

从学术活动的劳动形式来看，学术工作本质上是一种创造价值的智力劳动，这一过程必然涉及主体与客体之间的多重利益关系。因此，高校在推动教师专业化发展的过程中，需要妥善处理学术活动中的价值与利益关系，确保不同主体之间的利益关系得以合理协调，以保障学术活动的实际成效。同时，高校应重视教师作为“自然人”和“经济人”的本质属性，尊重其对物质利益的正当需求，从实际出发优化制度设计，为学术活动的顺利开展提供全面支持，提高教师的专业效能感与成就感。

在学术价值体系中，联结学术和价值的关键性因素是利益和管理。①要想统一教师的学术利益诉求和学术价值追求，高校就需要在利益分配与学术管理上进行科学规划。具体措施如下。

第一，高校需要从教师的实际利益出发，协调学术活动中的各类利益关系，保障教师的基本需求得到满足。当前，部分高校教师面临着较大的职业压力，确保合理的薪酬能够提高教师工作满意度，从而激发教

① 程孝良．高校青年教师学术价值观培育研究[D].成都：西南交通大学，2017.

师对专业化发展的积极性与信心。第二，高校在设立教师评价机制时需要注重学术本身的内在要求，强化教师的文化和教育角色定位；改变传统评价模式中过于行政化的倾向，重新审视教师评价的核心标准，使其回归学术能力本位，重点包括调整评价体系，将关注点从学术科研的数量转向学术科研的质量，确保教师的学术贡献能够真实反映其专业能力和学术精神。第三，高校需要营造积极的学术氛围。高校可以选择组织学术沙龙、推动跨专业合作项目等形式为教师创造一个开放、和谐的学术环境，使教师在互动中深刻认识到专业化发展的价值；对教师的科研态度和专业精神予以肯定和鼓励，营造具有激励作用的学术文化氛围，使教师增强对学术的认同感，将自身的发展需求与学术价值有机统一。

4. 协调行政管理与学术管理的矛盾

行政管理与学术管理的协调是高校运行中的重要课题，也是教师专业化发展的重要保障。行政管理侧重于高效运行和制度建设，学术管理则强调学术自由与创新，两者的不协调可能导致教师的学术活动受到干扰，甚至影响教师的职业热情。

为调和两者的矛盾，高校应在管理理念上实现转变。高校的行政管理应从传统的控制模式向服务模式转变，将目标定位于为教师的教学与科研活动提供高效支持，通过优化流程、简化审批以及设立专门的服务机构，减少行政事务对教师学术活动的干扰。从学术管理方面看，高校需要加强对学术自由的保障，通过构建多层次的学术委员会制度，让教师在学术事务中拥有更多的话语权；还需要提高学术管理的透明度，通过公开评审、跨部门协调等方式避免管理行为对学术活动产生不必要的干涉。高校可以设立双轨管理体系，将学术事务与行政事务分离；在资源配置中建立学术优先的机制，确保教师能够在稳定的环境中专注于学术研究与教育活动。

第四章　高校教师专业化发展的主要模式与实现途径

第一节　高校教师专业化发展的主要模式

高校教师进行专业化发展既需要发挥个人主动性，又需要借助科学化的发展模式，整合资源和力量。高校教师专业化发展的主要模式包括平台支持模式、培训指导模式、自主发展模式、混合形成模式等，它们各有侧重，能够为教师提供系统化的职业支持，满足个性化的学习需求（图 4–1）。

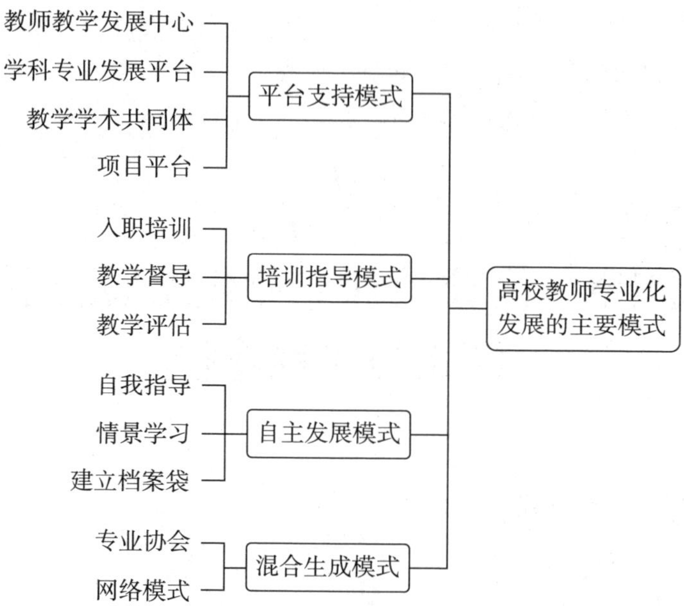

图 4-1　高校教师专业化发展的主要模式

一、平台支持模式

高校教师专业化发展的平台支持模式是推动教师专业化发展的重要实践形式，主要包括教师教学发展中心、学科专业发展平台、教学学术共同体和项目平台等多种形态。

（一）教师教学发展中心

教师教学发展中心的主要功能是为高校教师提供教学指导、课程开发支持和职业规划服务。建设教师教学发展中心是助推高质量人才培养的重要保障，具体建设时要注意覆盖教学设计、课堂管理、教学反思等多方面内容。高校可以通过工作坊、教学咨询和课堂观摩等形式为教师提供动态的支持，促进教师间的相互学习与经验交流，推动整体教学水平的提升；还要根据教师的学科背景、职业发展阶段和具体需求，提供量身定制的个性化服务。教师教学发展中心是高校教学质量的监测和保障机构，承担推动教学改革、组织教师工作评价等多重职能。目前，我国许多重点大学已经建立了教师发展中心，但各校之间在发展水平和制度建设上的差异较大，需要在制度和功能方面进一步完善。

（二）学科专业发展平台

学科专业发展平台的作用是为教师提供一个全面履行其学者职能的环境，促进教师在国际交流和学科交流中的活跃参与，推动学科发展，提高教师职业能力。高校可以在学科专业发展平台上整合国内外学科领域的最新研究成果、教学案例和专业文献，为教师提供便捷的知识获取渠道，促进教师专业知识的更新，为教师的教学实践提供丰富的素材。

学科专业发展平台还可以支持教师组建跨学科团队，这类团队活动能够使教师在不同视角的交流中激发创新思维，推动学术研究和教学方法的创新。

（三）教学学术共同体

教学学术共同体是一种以团队合作为基础的教师发展平台支持模式，旨在通过教师之间的交流与合作，集合教师的智慧和资源，促进教学研究和教学实践的创新。教学学术共同体一般可以分为跨学科共同体和同学科共同体两种形式。跨学科共同体主要是整合不同学科的知识体系，促进教师在教学设计和课程开发中的创新。同学科共同体则更加注重学科内部的经验分享和教学资源整合，通过定期教学研讨会、案例分析、课程改进项目等方式，促进教师在教学实践中不断反思和优化自己的教学方法，推动教师个人的发展和高校整体教育质量的提高。例如，中国海洋大学在校级层面建立了优秀课程教学观摩行动研究的教学学术共同体，尝试探索优秀教师在课堂教学中的特点，旨在激励教师反思自身的教学方式，提高他们的反思性学术实践能力。该校还建立了网络教学论坛，进一步促进了教师间的交流，形成了一种持续的学术对话和合作的氛围。

（四）项目平台

项目平台制定教研项目、科研项目等特定的研究或实践任务为教师提供了实际操作的机会，通过具体目标的实现推动教师教学与科研能力的提高。在教研项目中，教师可以参与课程设计、教材开发、课堂创新等活动，探索更加灵活和高效的教学方法，提高自身的教学能力。科研项目则为教师提供了深入学术研究的机会，教师能够获得经费和设备资源等方面的支持，还能够获得科研能力方面的提高。这种以任务为导向的项目平台能够有效激发教师的内在动力，使其在教学和科研方面实现更高水平的融合。

例如，东北师范大学以“学院试点”项目为核心，有效促进了教师的教学能力发展。该校集中资源和精力，邀请老教师主持项目，为新教师提供必要的支持，使新教师能够在实践中深化教学方法和策略。我国许多高校也都设立了教学基金项目制度，旨在激励教师进行教学研究和改革。这些项目通常包括课程改革、教学法研究以及教师与学生之间的互动研究等，其成果可能通过发表论文的方式公开或者转化为教学实践中所使用的教学课件和新的教学模式。高校要充分发挥这些教学基金项目的作用，就需确保项目的目标和操作都具有明确性和针对性。高校应通过建立项目平台提供定制化的专业指导和系统的支持，以便教师能在教学和研究中取得实质性的进步，推动教师专业成长和教学创新。

二、培训指导模式

培训指导模式通过系统化、科学化的培训和指导，为教师提供职业发展所需要的知识、技能和方法。培训指导模式主要包括入职培训、教学督导、教学评估等，它针对性强、目标明确，直接关系教师的职业成长和教学效果的增强。

（一）入职培训

入职培训又称岗前培训，主要针对新加入高校的教师，旨在帮助他们适应高等教育环境。入职培训通常涵盖高等教育法规、教育心理学、职业道德等多方面内容，通常以集中授课的形式进行。

入职培训集中授课通常包括以下几个方面：第一，课程设计、教学目标制定、课堂管理等教学技能的基本训练，帮助新教师快速适应高校教学环境，提高教学质量；第二，文献检索、研究方法、项目申报流程的指导等科研能力的初步培养，帮助新教师逐步掌握科研工作的基本技巧，为教师未来的学术发展奠定基础。第三，职业规划的引导，帮助新教师明确自身的职业目标，并为其提供长期发展的建议和资源支持。入职培训的形式和内容并不是一成不变的，高校需要定期收集新教师的反馈意见进行动态调整，不断优化，使其更加贴合教师的实际需求。

（二）教学督导

教学督导是指资深教师对初级教师进行持续指导，以帮助后者不断改进教学方法、提高教学质量。教学督导强调教学实践中的动态支持，使教师能够在真实的教学场景中获得切实的帮助。教学督导在我国高校发展过程中起到了重要作用，从 20 世纪 90 年代开始，教学督导成为推动教育质量提高的核心力量。教学督导的有效实施，特别是在教师个性化指导和教学方法创新方面对提高教育质量和教师满意度具有显著影响。

高校实施教学督导时，应明确督导的职责范围和工作内容。督导工作除了听课与反馈，还包括教学计划的审核、教材的选用以及课程目标的制定。教学督导能够帮助教师在教学过程中不断反思和优化，改进教学策略和提高教学质量。教学督导的效果在很大程度上取决于督导教师的专业水平与沟通能力，因此，高校应挑选教学经验丰富、具有较强沟通能力和指导意愿的资深教师担任督导，并为其提供必要的培训与支持，以确保督导工作的高质量实施。有效的教学督导能够在提高初级教师的教学能力的同时，在教师群体中营造一种积极向上的学习氛围，推动高校整体教学水平的提高。

（三）教学评估

教学评估关注课程内容的实际应用和学生的学习效果，能够为高校教师的职业发展提供清晰的目标和改进方向，对教学活动进行真实反馈，是促进教师成长的关键手段。中国海洋大学的教学评估模式就是一个典型例子，该校自 1986 年以来一直在推动教学评估的改进和创新，从以结果为导向逐渐转向以过程和发展为导向，更加关注教学活动的全过程和教师的持续成长。通过评估，教师能够获得关于教学实践的具体反馈，调整和改进自己的教学策略，最终实现教学质量的整体提高。

高校在进行教学评估时要注意构建多维度的体系，对教师的课堂教学质量、课程设计与实施以及学生的学习效果等多个方面进行评估。有效的教学评估还需要注重结果的反馈与应用，高校应在评估结果的基础上为教师提供个性化的改进建议和专业指导。比如对教学方法较为单一的教师可以推荐其参加相关的教学技能培训；对教学成果突出的教师，高校可以鼓励其在校内外分享经验并指导其他教师。教学评估还要注重长期效果的跟踪，通过定期的评估与反馈帮助教师不断调整自己的教学策略，实现教学水平的持续提升。

三、自主发展模式

高校教师专业化发展的自主发展模式强调教师作为职业主体，在专业成长过程中发挥主观能动性和自我驱动作用。自主发展模式能够强化教师的独立性与自我管理能力，有效提高其职业适应能力和创新能力。以下从自我指导、情景学习和建立档案袋三个方面进行详细阐述。

（一）自我指导

教师通过自主规划职业发展路径，能够在清晰的目标引领下不断提升自身的专业水平。教师可以通过制订包括个人发展目标、原则、策略等在内的自我指导计划来推动个人的专业化发展。与同事共同学习、参与教师研究团队、参加学术会议、通过网络资源进行自学等都属于自我指导的方式。自我指导能够增强教师的专业责任感，显著激发他们的发展动机。高效的自我指导除了需要教师的主观努力，还需要高校提供必要的支持与指导。高校可以通过设置发展计划模板、职业兴趣评估、阶段性反馈等职业发展支持机制，为教师提供相关工具与资源，使其明确自身优势、短板以及潜在的发展机会。教师在实践过程中需要不断反思自己设定的目标与实际情况之间的差距，并及时调整规划，以确保职业发展的方向始终与实际需求相契合。

（二）情景学习

情景学习的核心是教师通过在真实或模拟情景中进行教学实践，在动态变化的环境中提高自身能力。情景学习注重教师在特定情景中的经验积累与能力培养，尤其能够帮助教师应对教学中的复杂问题与实际需求。

案例教学是常用的情景学习方法。通过对经典教学案例的分析与讨论，教师可以学到有效的教学策略与方法，并将其应用于实际教学中。高校还可以组织课堂演练、问题解决模拟等情景模拟活动，帮助教师在实践中锻炼应对能力与创新思维。教师还要对实际教学经验不断进行总结和反思，可以使用课堂录像、教学日志等方式记录教学过程，并在后续的反思中提炼经验与教训。实践和反思相结合的情景学习模式能够提高教师的教学技能，促使其在职业发展中保持持续学习的态度。

为了进一步增强情景学习的效果，高校应为教师提供多样化的学习场景与资源支持，如通过组织跨学科交流活动，让教师在多元视角中发现新的教学方法与学术研究方向；借助数字化技术为教师提供虚拟教学情景，以适应不同教学模式的需求。

（三）建立档案袋

档案袋是一种记录教师专业化发展过程的工具，通过系统性地收集和整理个人发展成果，教师可以更加全面地了解自身的职业成长轨迹。作为教师自主发展模式的重要工具，档案袋在教师自我评估与高校评价体系中具有双重作用。一方面，教师可以通过档案袋对自身职业成长进行回顾与反思，从中发现潜在的问题与改进方向；另一方面，高校管理者可以通过档案袋的数据，科学评估教师的专业化发展水平，并据此制定相应的支持策略。

档案袋在多所高校中都被用来记录教师的教学效果、授课范围、授课复杂性及个性化特征等多方面信息，它能够反映教师教学上的进步和成就。高校教师在日常教学中会产生各类文本记录，包括专业设置说明、课程体系描述、教学大纲等指导性文件；教科书、讲义和参考文献等教学材料；教学计划、教学日历等教学设计；讲稿、多媒体课件、教学录像等教学实践记录；试题、评分报告和成绩单等教学评估文件。教师系统整合这些材料并与对自己的教学成就、教学风格、职业态度和价值观的个性化描述相结合，可以建立一个全面的档案袋。定期更新档案袋有助于教师对自己的教学实践进行持续的自我评估和反思，促进教师专业化发展的自主性。

档案袋的建立需要一定的规范性与系统性。高校可以为教师提供统一的档案模板与记录指南，并进行定期培训以帮助教师掌握使用方法。档案袋的更新与维护需要教师持续投入时间与精力，定期对已有内容进行总结与整理。随着现代教育技术的发展，电子档案袋的使用对提高教师的信息素养能够起到重要作用，其具有实时更新和共享的特性，便于教师管理和回顾自己的教学材料，还有助于提高教师的信息技术应用能力，推动教育教学方式的现代化，使教师能够更有效地进行自我指导和自主发展。

四、混合生成模式

混合生成模式强调平台资源的互联和协同，注重将传统线下方式与现代网络技术相结合，通过整合不同的资源和途径，满足教师不同职业发展阶段的需求，为高校教师专业化发展提供了灵活高效的支持。

（一）专业协会

专业协会是混合生成模式的重要载体之一，聚集领域内的专业资源与学术力量可以为教师成长提供专业化的支持和广阔的发展平台。专业协会的运作通常采取委员会制，以保证管理的透明度和民主性，使每位成员都有机会参与决策和表达意见。除此之外，还强调专业精神的培养和对教育质量的持续改进。我国类似的学术组织有中国教育学会、中国高等教育学会等，致力在国内外学术会议上推动教师发展议题，构建更加开放和民主的组织文化，进一步推动我国高校教师的专业化和学术发展。

专业协会通常会定期组织学术年会、专题研讨会、学术讲座等各种形式的学术活动，为高校教师提供了解行业最新动态、分享研究成果与交流教学经验的机会。通过参与这些活动，教师可以与同行建立联系，在思想碰撞中获取新的启发和灵感。通过建立共享资源库，专业协会能够为教师提供高质量的学术文献、研究工具以及实验数据。一些专业协会还会设立专项研究基金，为有潜力的教师项目提供资金支持，从而全面提高教师的科研能力和高校整体学术水平。专业协会通过建立行业标准与职业规范为教师的职业发展提供明确的方向和参考依据，还通过认证机制和评审活动帮助教师获得更高层次的职业资格与学术声誉，进一步提高其职业竞争力。

（二）网络模式

网络模式是新兴的混合生成模式，具有便捷性、广泛性、多样性的特点，在教师专业化发展中具有独特的优势。随着信息技术的飞速发展，网络模式在教育领域中的作用愈发显著，它为教师提供了随时随地学习和交流的机会，已经成为教师职业成长的重要工具。我国从 20 世纪 80 年代开始，逐步形成了在教育部指导下，以北京中心、武汉中心为“龙头”、六个大区中心为骨干，以重点院校的重点学科和省级培训中心为培训点的适合中国国情的高校师资培训的网络体系，发挥着“师资培训、组织协调、研究咨询、交流信息”的职能。全国高校教师网络培训中心利用先进的数字和网络技术，提供以网站为主要载体的培训项目，支持高校教师的专业成长和发展。如今，这些网络体系已从单纯的“教师培训”逐渐转向更为全面的“教师发展”，利用现代技术提供更广泛、更便捷的教师发展服务，以满足教师多样化的发展需求。

第二节　高校教师专业化发展的实现路径

高校教师专业化发展是教育现代化的核心环节，随着教育环境的不断变化，教师的专业化发展面临着更高的要求与更广阔的空间。要实现这一目标，高校应立足时代需求，结合教育改革的具体背景，为教师提供多样化、立体化的成长路径。

一、以时代要求为前提，更新高校教师专业化发展理念

在知识化和信息化的时代背景下，高校教师的专业化发展理念面临重要的转型，科技的迅速发展和学科融合的趋势已对教师的知识结构和能力提出了更高的要求，网络和计算机技术的广泛应用已经改变了传统

的学习方式和生活模式，人们能够随时随地接触到各种学术资源和资讯，这无疑推动了高校教育模式的改变以及教师角色的演变。在此背景下，教师必须更新专业化发展的理念，从传统意义上的知识传授者转变为学习资源的指引者、终身学习的践行者、教育实践的创新者和知识创新的推动者。

（一）应对信息化教育的转型需求

信息化是当前教育发展的核心驱动力之一，它改变了传统教育的形态和路径。教师在教学实践中需要结合数字化技术优化教学设计，利用线上线下融合的教学形式提高课堂互动性与参与度，适应多元化教育模式带来的角色变革。信息化教育带来了知识更新的加速与教学资源的多样化。教师应树立终身学习的理念，不断充实自己的学科知识与技术能力，既关注知识的传授，又关注学习的过程和学生的能力培养，实现教育目标的深度优化。

（二）适应全球化背景下的教育改革

全球化促使教育变得更加开放与包容，这对高校教师的专业化发展提出了新的要求。教师需要具备国际化的视野，关注本土文化与全球教育趋势。在课程设计与教学内容的选择上，教师需要注重学科知识的国际化表达，培养学生的全球意识与跨文化沟通能力；还需要从传统的知识灌输转向多元文化教育，通过与国际同行的交流与合作，吸纳先进的教育理念与教学方法，承担起文化传播的桥梁与推动者的角色。

（三）满足个性化教育的需求

个性化教育的趋势要求教师在教学实践中充分尊重学生的个性差异，关注学生的兴趣、能力与发展潜力。教师需要重新定位自己的角色，从统一化的课程执行者转变为个性化学习的设计者与引导者。为了更好地服务于个性化教育，教师需要强化对学生的观察与评估能力，结合学生的学习特征与成长目标调整教学方法，因材施教，不断探索多样化的教学方法，以满足不同学生的需求。

二、以专业化发展档案建设为基础，强化教师的自我发展意识

在当前知识快速更新和专业技能要求日益提高的背景下，高校教师的专业化发展档案作为记录和监控教师成长路径的关键工具，扮演着至关重要的角色。专业化发展档案归纳了教师的学习和教学活动，为高校和教师提供了系统性、连续性的成长记录和评价依据。通过专业化发展档案，教师能够全面了解自己的职业轨迹，清晰地认识到自身的优势与不足，更好地规划未来的发展方向。

专业化发展档案的内容丰富，包括教师的教学任务、科研成果、参与继续教育活动和社会服务的记录等多方面的内容，能够清晰地展现教师职业发展的全貌，是评价教师专业化成长的关键数据。通过对自身职业活动的记录与整理，教师能够更清晰地认识到自己的工作成效与存在的问题，在实践中不断优化自己的教学方法与科研策略。在反思过程中，教师可以通过对档案中具体案例的回顾，分析自己的教学设计是否符合学生需求，研究成果是否具有实际价值，培训活动是否真正提升了自己的专业水平，从而更加客观地发现自己潜在的改进方向。专业化发展档案还可以作为教师晋升评审、教学奖励和年度评价等评估和激励机制的依据，完备和详尽的档案系统有助于教师自我管理和自主发展，也是高校管理和教育质量提高的重要工具。

专业化发展档案的建设不是一次性的任务，而是一个持续的过程。教师需要定期更新自己的档案，使其能够反映最新的教学实践和科研活动。通过档案中的信息，教师可以进行自我评估，审视自己的成长轨迹并调整发展策略。专业化发展档案建设也为高校整体的教师队伍建设提供了重要支持，通过对档案数据的分析，高校可以更好地了解教师队伍

的整体发展状况，并据此调整相关策略与资源配置。高校也应提供必要的支持，帮助教师补充和完善档案内容，确保档案的完整性和实时性。

三、以信息技术为依托，营造支持教师专业化发展的网络平台

在当今信息化、网络化飞速发展的背景下，利用信息技术支持教师的专业化发展已成为一种不可逆转的趋势。高校应利用现代信息技术，特别是数字化校园的资源，建设和完善支持教师专业化发展的网络平台，为教师提供一个内容丰富、互动性强的虚拟学习社区。此类网络平台应包括名家讲坛、教育理论探讨、教学经验交流等多个功能模块，主要提供教学视频点播、教学示范案例、课件制作指导及多媒体技巧应用等内容，能够大大丰富教师的学习和教学资源。网络平台还应包含职业道德讨论、文学艺术欣赏、传统文化介绍等资源，帮助教师拓宽知识视野、深化文化底蕴。

高校建立数字化平台，可以为教师提供教学案例库、课程资源库和学术文献库等服务。教师可随时访问这些资源，从中获取最新的学科知识、教学案例和研究动态，提高自己的教学与科研能力。借助网络平台，教师可以打破时间和空间的限制，根据自己的时间安排和兴趣选择适合的课程，灵活学习和实践，参与学术讨论，分享教学经验，并在多样化的互动中拓宽视野，促进知识的传播，激发创新思维，为自身的专业化发展注入新的活力。

在信息技术日益渗透教育领域的今天，信息素养已经成为教师职业发展的必备条件。教师应具备利用现代技术手段获取和处理信息的能力，以及在现代信息技术环境下有效学习和工作的能力。高校需要不断加强网络资源的建设和优化，提供技术支持和资源更新，促使教师始终关注教育领域的最新发展，理解并应对教育改革的需求；确保平台能够有效地促进教师的专业交流和合作。

四、以教学研修为形式，培养教师的教学实践能力

教学研修作为一种深入教育实践的活动，是提升教师专业水平的有效途径。通过这种活动，教师能够运用开放的思维方式进行实践教育理论的运用，对高校的教育教学活动进行系统反思并创新性地提出解决方案，架设起教育理论与实践之间的桥梁。教学研修能够帮助教师处理具有不确定性的教育事件，还提供解决具体问题的策略，通过案例分析和实践操作，使教师能在探索中获取知识、提高教学技能。为了有效开展教学研修，高校应围绕学科建设定期组织教研活动，使教师在交流与合作中寻找成长的契机。研修活动应考虑到教师的成长规律与个性特点，增强教师的学习意愿，使他们更有动力参与教学改革与研究。

对于刚入职的新教师，集中培训和个别辅导的方式可以帮助他们迅速适应教学角色。集中培训有举办讲座、小型教案示范、同行教学观摩及点评等多种形式，可以帮助新教师通过间接经验学习教学决策与实践技能；导师制的个别辅导即让经验丰富的教师在一定期限内负责指导新教师，通过具体的教案讨论、听课与反馈，帮助他们熟悉教学模式、加快专业成长。处于职业发展中期的教师需要更多关注知识更新与教学行为反思。教学研讨、经验分享等方式能够促使他们自我反思，使他们提高自我认知与教学技能。对于已处于职业成熟期的教师，高校应重视其在教学方法、学生差异应对及情感关怀方面的能力，应发挥其在学科教学与研究中的引领作用，通过分享经验、提供指导，促进教师团队的整体发展。

通过这些结构化的研修活动，高校能够构建一个支持教师从入职到成熟各阶段发展的环境，使教师在专业成长的每一个阶段都能找到适合自己的发展路径，确保教师在职业生涯中持续进步并实现教师专业化发展的长远目标。

五、以课题研究为载体，发展教师的科学研究能力

在现代高等教育的发展中，科学研究是教师专业化发展的一个核心要素。教学实践提供了科研的具体场景，科研活动则深化了教学内容和方法。教学与研究互为补充，两者的结合对教师的知识更新和专业成长至关重要，能够促进教师在专业领域内的持续发展。

课题研究为高校教师提供了一个系统性学习与深入思考的平台，教师在课题研究过程中能够接触学科前沿知识，提高理论素养，并将其与教学实践紧密结合。理论与实践相结合有助于教师解决教育教学中的实际问题，还能够帮助教师在学术领域形成自己的研究特色。在教学中，教师面对的问题往往具有复杂性和动态性，而课题研究通过严谨的设计与科学的分析，为这些问题提供了系统化的解决路径。教师通过课题研究能够进一步认识到学术规范的重要性，研究方法、数据分析以及结果验证等方面的能力都会得到显著提高，这为其在学术领域的发展奠定了坚实基础。

高校需要合理配置资源、优化研究设施、提供必要的资金支持，创造一个支持性的科研环境，激发教师的研究兴趣和活力；同时整合不同教师在研究中的优势，开拓新的研究方向，扩大研究的深度和广度，组建单一学科或跨学科的研究团队，营造一种有利于共享资源、交流思想的学术氛围。课题研究作为提高教师科研能力的载体，应密切结合教育实践和学科专业的需求。教育普及化和多样化的背景下，教师教育模式的转变、专业结构的优化、人才培养模式的创新以及研究生教育的质量控制等都需要通过具体的课题来探索，这能够激起教师的研究动机，而且教师的研究成果对于推动教育改革和人才培养策略的调整具有重要价值。

高校教育的创新与优化需要基于教育实践的科学研究，而教师作为教育研究的主体，能够通过课题研究为教育决策提供实证依据与理论支

持。研究中的教学实验结果可用于检验新的教学方法或评价机制的有效性，为教育改革提供科学依据。通过参与国际科研项目，教师能够学习并借鉴其他国家的教育经验，向国际学术界展示本土教育研究成果，促进自身研究水平的提升，也为高校的国际声誉与学术影响力带来积极影响。

第五章　高校教师自主专业化发展探索

第一节　建立教师身份认同

在高校教师专业化发展进程中，身份认同是贯穿始终的重要主题，它关乎教师个体对职业角色的认知与定位，深刻影响其教育行为、学术追求以及与社会的互动。在快速变化的社会背景下，教师的职业要求日益多元化，身份认同的构建过程也愈发复杂。教师需要通过多维度的认知与实践明确自身在教育体系中的角色和使命，逐步实现从“外在要求”到“内在认同”的转变。

一、身份认同的内涵和意义

身份认同即人们对“教师”这一职业的角色、作用、功能等方面的认知和情感，包括个体、群体、社会等多个层面。[①] 从个体层面来看，身份认同是一种基于自身经验和教育情景的自我定位，是教师对自身在教育体系中作用的理解。从群体层面来看，身份认同是教师与职业群体之

① 陈立萍，石文鹿．新时代教师生态角色转换研究[M]．天津：天津人民出版社，2020：102.

间形成的情感与责任联系，是教师将自己的职业目标与教育群体的整体使命相结合的过程。而从社会层面来看，身份认同还包括教师对教育和社会期望的理解与回应，是教师以自身的专业化行为支持社会教育发展的表现。

身份认同对于教师的职业发展来说具有重要意义。第一，身份认同有助于增强教师的职业自信和归属感。教师在明确自身的职业价值与目标后，能够在职业实践中获得满足感与成就感。第二，身份认同能够提高教师的自我驱动能力，激发其在教学与科研中的主动性与创造性。教师只有清晰认识了自身的职业角色，才能在职业生涯中明确努力方向，具备持续发展的动力。第三，身份认同还有助于增强教师的社会责任感，使其在教育实践中更加关注学生的发展需求以及社会对教育的期望。

随着教育现代化的发展，高校教师身份认同的构建尤为重要。教育领域的快速变革要求教师的职业价值观和专业能力不断更新与提高，而身份认同是这一过程的基础与保障。教师只有对自身的职业价值形成了深刻认同，才能在教育发展中坚定信念、勇于创新，为教育质量的提高和社会进步贡献力量。

二、高校教师身份认同过程的积极构建

随着教育现代化的推进，教师的职业角色愈发多元化，如何在复杂的教育环境中明确自我定位、强化职业认同成为教师专业化发展中的关键任务，高校教师构建身份认同的途径如图 5–1 所示。

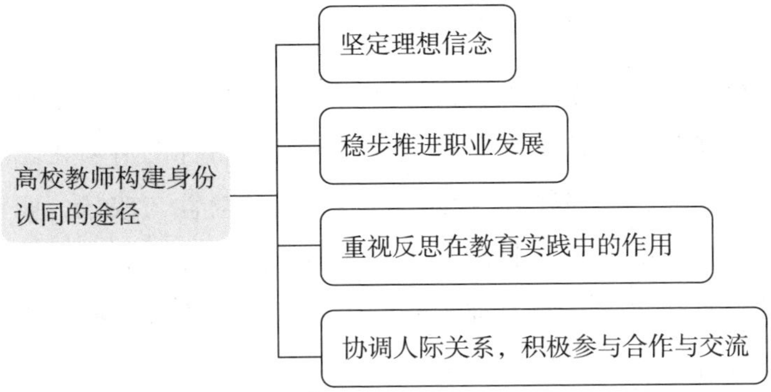

图 5-1　高校教师构建身份认同的途径

（一）坚定理想信念

在新时代背景下，高校教师的职业发展与身份认同面临诸多挑战与机遇。面对不断变化的教育环境，教师需要有明确的自我认知和坚定的理想信念来适应和引领这些变革。

高校教师需要认识到自己的职业选择不仅关系个人的职业道路，还关系肩负培养下一代、推动社会进步的重要任务。这种认识不仅是基于对职业的尊重，更是对教师职业责任的充分理解。从理想信念方面看，教师必须具有坚定的方向感和使命感。作为教育的前线工作者，高校教师承担着培养社会主义建设者和接班人的责任，他们的行为、思想和教学都应服务于国家的教育目标和社会主义现代化建设。教师作为知识的传播者和学生成长的引导者，其职业意义不仅体现在知识传递中，还体现在对学生世界观、人生观、价值观的塑造上。通过明确教育的本质与使命，教师能够强化自己的职业理想，并将其转化为职业行为的动力，在职业生涯中保持热情，积极面对挑战。高校教师要积极接受并认同自己的教师身份，只有当从内心深处接纳并自豪于自己的教师身份时，才能全心全意地投入教育事业中，展现出高尚的职业道德和强烈的职业责任感，推动个人和职业的持续发展。

（二）稳步推进职业发展

高校教师需要清晰地认识到自己的职业发展目标，确保自己能够在教育领域内稳步前行并实现专业化成长。职业目标的清晰化能够帮助教师规划职业路径，提高教师在教育实践中的针对性与成效。职业目标的明确并非一蹴而就，而是通过不断实践与反思逐步形成，这一过程中教师要结合自身的兴趣、能力以及教育环境的实际需求，确立清晰且可行的职业发展方向。高校教师要深入了解自己和所处的教育环境，包括对自身学识和能力的准确评估、对所在高校及其区域环境的全面认识等。通过深入理解，教师能够将个人能力与环境需求有效对接，从高校的发展框架和区域战略出发，准确定位自己的角色，设定清晰的职业发展目标。在明确目标的过程中，教师需要注重实践积累与理论提升的结合，通过教育实践中不断尝试新的教学方法、参与学术研究以及拓展跨学科合作，逐步形成清晰的职业认知。

在新时代教育背景下，教师要注重培养终身学习的习惯，不断进行自我修炼和提升。随着教育模式的演变，教师需学习掌握新兴的教育技术和方法，使自己能够在不断变化的教学场景中有效应对挑战、提高教育技能，实现职业成长。

高校要为教师提供多样化的目标选择支持，如组织职业发展培训、拓宽职业晋升通道、搭建学术交流平台等，帮助教师精准地找到自身的职业发展定位；还可以建立科学的目标评估机制，为教师提供明确的反馈与指导，帮助其在职业规划中及时调整方向。

（三）重视反思在教育实践中的作用

通过对教学实践、科研活动的深入总结，教师能够更加准确地认识自身在教育体系中的作用。在反思过程中，教师可以发现自身的优势与不足，有针对性地进行改进与提高，实现职业成长，深化身份认同。《中庸》把学习的过程概括为“学、问、思、辨、行”五个阶段，这一表述也适用于教师身份认同的建构。特别是“思”的环节，强调了反思在知识吸收和个人成长中的核心作用，强调深度思考和持续自我更新的动态发展过程，适用于高校教师的自我认同建设。

反思是教师职业生涯中的一种重要技能，教师应在日常的教学活动中不断审视和评估自己的教学方法和学生的学习效果。通过反思过程，教师能够识别和解析在教学实践中遇到的各种问题，如教师如何调整教学内容和教学方法，如何在课堂上与学生互动、如何调动学生的学习积极性，等等。通过对教学实践的持续反思，教师能够了解教育的本质和价值，逐渐形成自己独到的教育哲学。在这种教育哲学的指导下，教师可以更好地开展日常教学活动，在更广阔的教育议题中找到自己的立场和声音，定位自身角色。通过回顾和评价自己的教学实践，教师还能够明确自己的成就和进步，获得更大的职业满足感和自我价值感，这种正面的情感反馈是教师持续投入教育事业、不断寻求教育创新的动力源泉。

（四）协调人际关系，积极参与合作与交流

教师的身份认同是其个体动力与社会环境互动的产物。要形成或寻求某种归属感，教师必须积极融入社会情景并展现自我，协调各类人际关系，提高内驱力，获得外部环境的支持和群体动力的推动。对高校教师来说，需要协调几种主要的人际关系。

第一，教师与社会情景的互动。通过参与社区教育、社会服务、学术活动等，教师能够展示职业行为的社会价值，感受教师职业的意义。第二，教师与同事的合作。教师个人的职业发展离不开同事的支持和认可，教师在参与教学和科研团队时，通过与同行协作，共享知识和经验，能够加深对群体文化的认识，增强职业归属感，从而使自己获得更广阔的职业发展空间。第三，教师与学生的关系。教学活动是教师与学生共同成长的过程，教师作为学生学习的引导者，应与学生建立真正的伙伴关系，实现共同的教育目标。

第二节　制订教师职业发展规划

一、职业发展规划的内涵

制订教师职业发展规划指的是通过制定教师专业化发展目标，确定实现目标的手段以实现不断发展的过程。职业发展规划既可以是教师个人对自己一生事业发展的战略设想和计划安排，又可以是高校为教师发展而进行的战略设想和计划安排。[①]职业发展规划的内涵深刻体现在教师对职业需求的认识、对个人特质的理解以及对教育事业的责任感之中，教师要制订职业发展规划，职业锚理论与外职业生涯和内职业生涯的协调就成为关键。

职业锚指的是个体在面临职业选择时，无论如何都不会放弃的职业核心要素或价值观。职业锚体现了个人对职业领域的偏好和对职业环境的适应能力。高校教师的职业锚通常集中于学术能力、教学能力、研究创新能力等方面。教师通过对职业锚的深入理解，能够明确自身职业优势和发展方向。

外职业生涯和内职业生涯是职业生涯的两个方面。外职业生涯关注职业的职位、工作地点、时间、内容、职责和环境等客观特征，这些通常是由组织定义的，并且容易受到外部变化的影响。高校从这些外部因素出发能够帮助教师规划职业生涯，确保教师个人的发展与教育机构的目标一致。内职业生涯则侧重于个体对于职业的看法、个人定义的成功、职业所带来的心理体验等职业的主观特征，这些因素主要由个人通过努

---

① 刘馨莲，樊萌．职业规划在高校教师职业生涯发展设计中的作用 [J]. 内江科技，2012，33(6)：169-170.

力获得，一旦形成就不易因外部因素变化而失去。高校教师在规划自己的职业生涯时，应该充分考虑自身的知识、技能、经验、心理等职业生涯因素，确保在教育行业中持续发展和成功，在实现个人目标的同时，更好地适应教育改革和高校发展的需求。

教师职业规划是一个系统的过程，需要教师综合考虑个人职业锚和职业内外生涯，实现职业生涯的成功。

二、高校教师职业生涯规划的过程

职业生涯规划是教师实现专业化发展的重要环节，它贯穿职业发展的全周期，为教师的职业成长提供清晰的路径和行动框架。高校教师作为一个知识密集型群体，其职业发展规划具有自觉性和特殊性，这种特点既体现在心理需求和价值观念方面，也体现在职业发展的主动性和个性化方面。高校教师通常具备强烈的自我规划意识，能够在教育教学的多变环境中，通过持续的学习和创新来不断塑造和调整自己的职业角色。高校教师职业生涯规划过程具体包括确立职业发展志向、制定职业发展目标、分解职业发展目标、制订具体的实施方案、执行方案、评估与反馈等（表 5–1）。

表 5–1　高校教师职业生涯规划的过程

具体环节	主要内容	实施要点
确立职业发展志向	识别自身发展志向，包括生存志向与成就志向；结合个人兴趣、能力及职业环境明确职业志向	1. 反思教育理想和职业抱负，分析个人特长 2. 考察学术趋势与教育需求，规划长期方向

续 表

具体环节	主要内容	实施要点
制定职业发展目标	根据不同职业阶段需求与特点设定具体目标；结合自我评估与环境分析明确长期、中期和短期目标	1. 深入评估兴趣与价值观，明确职业期望 2. 分阶段设定目标，确保目标的可操作性
分解职业发展目标	将长期目标分解为中期及短期目标；涵盖外职业生涯与内职业生涯的多维目标	1. 将核心目标细化为可执行的任务清单 2. 定期检视分解目标的合理性与进展情况
制订具体的实施方案	制订详细的实施方案，明确任务优先级与资源分配；协调教学、科研与发展任务	1. 制定时间表与任务清单，确保资源优化配置 2. 借助职业发展指导与培训，提升计划执行力 3. 注重教学与科研任务的合理平衡
执行方案	根据计划推进职业目标，在处理过程中可能遇到的挑战，保持目标执行的连贯性	1. 定期检查进度，调整策略以应对动态变化 2. 充分利用组织资源，提高目标达成效率 3. 鼓励自我监督，保持高水平执行力
评估与反馈	通过总结规划实施效果，优化职业目标；建立反馈机制以促进持续改进	1. 运用多维度反馈评估规划效果 2. 借助自我反思、同事建议与学生评价优化实施过程

（一）确立职业发展志向

高校教师在规划职业生涯时需识别自己的发展志向，通常会涉及对生存和成就两种志向的考量。考量生存志向的教师将职业视为谋生的方式，主要关注的是能否获得稳定的物质收益；相对地，考量成就志向的教师视其职业为实现个人价值和职业成就的舞台，追求的是职业发展带来的内在满足和社会认可。教师的职业不仅关乎个人生计问题，还是其承担社会责任和实现个人价值的重要途径。特别是对于高校教师，他们的工作直接关系到下一代的培养，他们负有塑造学生德智体美劳全面发展的责任。高校教师需要在充分了解自身兴趣、能力和职业环境的基础上明确长期的职业发展方向。志向的确立并非一时的灵感，而是基于深刻的自我认知与对职业需求的准确判断。教师需要通过反思教育理想、评估个人潜力以及了解学术趋势找到适合自己的职业定位。

职业志向的明确能够帮助教师增强职业信心和动力，面对职业发展中的挑战时，清晰的职业志向能够引导教师更专注于目标的实现，减少迷茫和挫败感。高校也应为教师提供相应的支持，帮助其明确职业志向，为规划后续的职业目标奠定基础。

高校教师还要确立以“成就学生、成就自己”为主旨的职业生涯发展志向，并将其融入职业生涯规划中，使其成为推动自己不断进步和创新的内在动力。教师通过持续的专业化发展和对教育质量的不懈追求，不仅能实现个人的职业成就，也能在培养未来社会主义建设者的过程中实现自身价值的最大化。

（二）制定职业发展目标

确立职业发展目标是高校教师职业规划中的核心环节，高校教师需要根据不同职业阶段的需求与特点，制定分层次、分阶段的职业目标。在目标制定过程中，教师要做好自我评估和环境分析。因为自我评估能够帮助教师清晰了解自己的内在特点和外在表现，而环境分析则使教师能有效对接外部世界的机会和挑战。

自我评估是个体对自身类型的深入剖析。每个个体的性格都有其独特的优势：理智型的教师在逻辑思维和冷静判断方面表现突出，适合从事需要严密逻辑和独立思考的学科研究；情绪型的教师在与人的交往中更为得心应手，能在教学互动和师生关系建设中发挥重要作用；意志型的教师则能在目标导向和成就追求中展示坚定的决心和持久的耐力；等等。教师应结合性格特点来开展工作、规划职业生涯，但也应该认识到性格不是固定不变的，可以通过后天的学习和实践进行优化。教师还需要评估自身的现有能力和潜在能力等能力水平，这要求教师不仅要客观评价自己当前的技能和知识，还要探索自己的潜力和可能的发展方向。兴趣和职业价值观的对齐也是自我评估的重要部分。兴趣通常是持久职业动力的来源，而与个人职业价值观相符的工作更容易带来满足感和幸福感。

从环境方面分析，高校教师需要深入了解和适应所在高校的环境，包括高校的发展战略、人力资源需求、职业晋升路径以及教师培养计划等。通过透彻了解这些外部因素，教师能够在职业生涯规划中找到与组织目标相匹配的发展路径。教师还要评估所在环境提供的职业发展机会，理解这些机会如何与个人的职业发展目标相结合。

做好了自我评估和环境分析之后，高校教师就可以确立具体的职业发展目标，包括长期、中期和短期目标。目标应具有可实现性，能反映教师的职业志向和价值追求。制定目标时，教师要全面考量，确保目标的选择是经过深思熟虑的，并能够获得组织和个人的广泛支持。目标应反映教师的职业期望，教师应考虑到个人生活的整体规划和价值取向。

（三）分解职业发展目标

高校教师的职业发展规划中，分解职业发展目标是实现职业成就的关键步骤，目标分解有助于教师实现从当前状态到理想状态的逐步转变。长期目标是教师职业生涯规划的终极追求，它定义了教师职业道路的最终方向和达成的理想状态，囊括了教师的核心使命和职业展望。中期目标则是实现长期目标的桥梁，通常设定在几年到十年的时间范围内。中期目标应该是切实可行的，并且与长期目标紧密相关，如在特定学科领域内发表一定数量的学术论文，或者在教学方法上达到创新性的突破。短期目标更为具体，通常设置在一年或更短的时间内，如完成特定的研究项目、提高教学评价等，它们是即时可执行的任务，旨在为中期和长期目标的达成积累必要的经验和资源。发展目标还可以按照教师发展的内涵分为外职业生涯目标和内职业生涯目标。外职业生涯目标关注教师职业生涯的工作地点、职务、工资等外在表现，这类目标通常受到所在组织结构和制度的影响，可以通过组织提供的机会来实现。内职业生涯目标则聚焦于教师个体的价值观的塑造、知识技能的提升、心理素质的培养等内在成长，侧重于教师个人的自我提升和自我实现，需要教师通过持续学习和自我反思来达成。

目标分解的过程是循环的，从短期目标到中期目标，再到长期目标，每一步的实现都需要教师进行持续的自我评估和环境分析。在实际操作中，教师需根据职业发展阶段理论把各阶段的发展目标进一步分解，以适应变化的个人需求和外部环境。各层次和维度的目标之间不是孤立存在的，而是相互制约和相互促进的。例如，外职业生涯目标的实现可能依赖于内职业生涯目标中知识技能的提升；反之，实现了内职业生涯的心理素质目标也可能帮助教师更好地应对外职业生涯中的挑战。高校教师在职业规划的过程中应该综合考量各目标之间的关系，确保它们相辅相成，共同推动教师职业生涯的成功，最终促进个人和组织的共同发展。

（四）制订具体的实施方案

高校教师需要结合自身的职业目标和环境条件制订详细的实施方案。设计实施方案时，教师应考虑到时间、资源和个人能力的限制，确保方案的可操作性和科学性。教师需要明确任务的优先级和时间节点，确保资源的合理配置，要重点考虑教学任务、科研任务和职业发展活动的协调，通过制订科学的时间表和任务分配方案更高效地完成职业目标。高校可以通过提供职业发展指导、组织专项培训以及优化资源配置等为教师的职业规划提供保障，如定期举办职业发展规划研讨会，为教师提供制订职业规划的工具与方法；提供职业咨询服务，帮助教师解决规划中的实际问题等措施，全面提高实施方案的执行力与有效性。

（五）执行方案

制订详尽的方案后，教师必须动用一切可用资源，确保按照既定的时间节点和预期效果推进方案。教师在执行方案的过程中可能会遇到时间管理、资源不足、目标调整等多种困难和挑战，这时便需要通过科学的时间安排和有效的资源利用保持规划的执行力。规划执行过程中，教师还需要注重自我监督和适时调整，通过定期检查规划的执行进度，发现问题并及时修正策略，以便更灵活地应对职业发展中的变化。每个目标的完成情况会影响到下一阶段目标的实施，因此，在方案执行过程中保持各阶段目标的连贯性至关重要。

（六）评估与反馈

评估与反馈是高校教师职业生涯规划的最后一个环节，教师通过对规划实施过程的总结，能够找到影响目标实现的主要因素，并据此对后续规划进行优化。教师可以通过自我反思、同事建议、学生评价等方式获取对规划实施效果的全面认识。多维度的反馈能够帮助教师更加准确地调整职业目标和实施方案。评估需要定期进行，以确保每一步都符合教师长远发展的需求。另外，教师需要建立相应的反馈机制，以便及时了解自己在职业道路上的进展情况，并进行自我修正和持续改进。

三、高校教师职业生涯规划的阶段划分

高校教师职业生涯规划可以分为迷茫—适应期、适应—成长期、成熟—高原期、高原—超越期四个关键阶段，每个阶段都表现出不同的职业特征、职业需求和发展任务。

（一）第一阶段：迷茫—适应期

高校教师职业发展的迷茫—适应期是职业生涯的初始阶段，这一阶段通常集中在教师进入教育岗位的前几年。教师在这一阶段面临着从学生身份到教师角色的转变，需要适应教学、科研以及高校组织环境的多重要求。迷茫与适应并存是这一阶段的职业特征。这一阶段的教师往往还没有形成强烈的自我职业意识，对未来的职业路径感到迷茫，但对教育工作抱有高期待，表现出学习新知与教授学生的热情。新教师容易吸收新知识和新观念，具备良好的可塑性。然而，他们对教育教学的认识大多还停留在观察和模仿的层面，需要提升专业知识和技能。在实际的教学活动中，新教师可能过分遵循规范，对犯错误感到恐惧，显示出较低的灵活性和应变能力。随着时间的推移，通过持续学习和实践，新教师开始熟悉校园文化和组织环境，逐渐了解并接受高校教师的职责。他们在知识和能力上逐步达到专业标准，开始能够独立承担教学与研究任务。随着职业兴趣和情绪的稳定，他们的职业生涯规划变得更加明确，自主发展的意识逐步增强。最终，这些新教师能够适应教育职业的需求，完成从学习者到教育者的转变。这一阶段，新教师需遵循明确的策略来确保顺利过渡和职业成长。此阶段的规划要素涵盖以下五个关键方面。

第一，环境适应与定位发展。新入职的高校教师首要任务是迅速熟悉学校的制度、教学和研究方向等教育环境，广泛涉猎新知，深入了解国家教育政策和高等教育的新趋势。教师应评估自身能力与学校需求的匹配度，寻找个人发展与组织目标的结合点，迅速在学校中找到自己的位置。

第二，积极求助与获得指导。高校通常会为新教师提供新教师培训、教师导师制度、高效管理教学任务等各类培训和指导，新教师应抓住这些机会，学习教学技巧，积极参与教学团队和教研活动，通过与同事交流、向导师寻求反馈和指导等方式，快速提高自己的教学能力和专业知识。

第三，培养专业基本功。新时代的高等教育需要教师采取以学生为中心的教学方法。新教师要放下身段，积极探索和创新教学方法，研究如何激发学生的主动学习意识，提高学生的独立思考和团队合作能力。新教师还要不断提升自己的专业知识和教学技能，以适应教育的最新要求。

第四，平衡教学与科研。教学与科研是高校教师的两大核心任务，对于新教师而言，如何平衡两者是一个普遍的难题。从教学方面看，教师需要熟悉课程内容、掌握教学技巧，并探索符合学科特点的教学方法；从科研方面看，教师需要找到学术研究的兴趣方向，确定研究课题，并逐步开展相关研究。两者的平衡需要教师具备一定的时间管理能力，更需要教师在实践中不断总结经验，逐步形成科学的工作节奏。

第五，管理工作与心理健康。新教师在适应期可能需要处理担任班主任、行政事务等多种任务，工作和时间方面可能会有一定压力。因此，新教师需要学会有效管理时间和任务，避免过度疲劳，确保心理健康，以便更快适应高校教师的角色和职责。

（二）第二阶段：适应—成长期

这一阶段的高校教师已经适应教师的角色，并且开始在教学和科研方面寻求更深入的发展。教师在这一阶段主要致力以下三个方面的发展。

第一，深化专业知识与技能的学习积累。教师在这一阶段需要不断深化对教育理论和实践的理解，增强自身的教学和科研能力。从教学方面看，教师在经历初步教学实践后，对课程设计、课堂管理和学生需求有了更深刻的理解，教学工作不再停留于形式上的适应，逐渐向精细化和创新性转变。教师需要结合具体课程的特点探索有效的教学模式，在课堂上更加注重教学内容的逻辑性和方法的多样性，以调动学生的学习积极性；通过课后反思和学生反馈，教师能够发现教学中的不足，并及时进行调整。从科研方面看，这一阶段的教师需要明确自身的研究方向，持续深入相关领域的探索。科研任务的复杂性要求教师能够制订科学的研究计划并在实践中不断优化方法，提高研究成果的质量。教师需要通过参与学术团队、申请科研项目、撰写论文和出版专著，逐渐在学术领域中形成自己的影响力，通过与同行或其他学科的专家开展合作研究丰富研究视角、提高科研效率。

第二，评估自我并定位未来发展方向。适应—成长期的教师应该对自身的教学和科研成果进行客观评估。教师只有对自己的职业技能、教学方法和科研方向进行深刻反思，才能识别存在的不足并设法改进。教师通过自我评估能够找到新的发展突破口，明确下一步的职业目标，以坚定不移的态度追求教育事业的卓越。

第三，加强师生互动，真正实现以学生为中心的教学。第二阶段的教师应更加关注与学生的互动，努力理解学生的需求和期望。深入了解学生的学习情况，可以更有效地组织教学内容和活动，真正将教学焦点放在学生的学习体验上，不仅能增强学生的学习效果，还能进一步增强教师的职业满足感和成就感。

（三）第三阶段：成熟—高原期

成熟—高原期的教师在教学和科研方面已经积累了丰富的经验，对教育环境已经全面熟悉并具备较高的专业能力和职业素养。此时，他们已经能够深入地进行自我分析，对自己的教学方法和科研方向有了明确的把握，形成了独特的教学风格，也积累了丰富的科研经验。然而，随着职业发展的稳定，教师的创新动力也相对减弱，许多教师可能遭遇发展瓶颈，需要通过不断反思和调整来突破瓶颈，实现职业生涯的再发展。第三阶段的教师可以着重考虑以下四个方面的策略来促进持续成长。

第一，坚持和强化发展方向。教师在第三阶段已具备丰富的教学经验和明显的教学成效，可能已经成为学科的骨干甚至带头人。尽管如此，压力和挑战同样存在，因此，需要通过持续的自我反思和目标监测，保持对教育职业和个人发展目标的清晰定位和坚定追求，在遭遇困难时保持镇定，用成熟的处理方式来应对职业生涯中的各种挑战。

第二，理性智慧的培养与应用。第三阶段的教师需要将个人的教学经验转化为深层次的理解和知识，成为一个富有智慧的教育者。在此过程中，教师需要不断地收集、分析教学中的实践素材，进行批判性思考和系统性反思，在教学实践中积极应用和验证教育理论，将理论与实践相结合，形成教学上的创新和突破。

第三，加入专业团体，扩宽教育视野。此阶段的教师应积极与其他教育专家进行交流与合作，获取新的教育资源和灵感。通过参与这些平台，教师能够不断更新自己的教育理念，吸收最新的教育策略，保持教学方法的前沿性和创新性。

第四，前瞻性的教育发展和创新。在科学技术快速发展的今天，高校教师需要保持开放的态度和前瞻性的视角，积极探索和实践智慧教育、虚拟现实等新兴教学模式，敢于在未知的教育领域进行创新实验，深化对教育实践的理解和掌握。

（四）第四阶段：高原—超越期

高原—超越期是高校教师职业发展的高级阶段。这一阶段的教师已经具备了学术积淀和教学经验，可能已经成为学科的领军人物或教学专家，他们面临的主要问题是如何将日常的教学实践和理论研究相结合，通过创新来实现个人职业的突破，最终达到事业的超越阶段，为教育事业开拓新的可能。

处于高原—超越期的教师需要对个人能力、教育环境等进行深入分析和全面评估，清晰界定自己未来在教育领域中所努力发展的方向。在这一过程中，教师要充分利用个人的长处和已获得的经验在教学和研究中寻找新的发展空间，为自身的职业生涯设定更高的目标，并为达到这些目标制定实际可行的策略。教师可以选择在已有研究领域的基础上开辟新的分支，或通过跨学科合作推动新的研究方向，为学术发展带来持续活力。教师应多参与国际学术会议、建立国际研究网络，拓宽自己的学术视野，将全球最新学术动态与本地研究相结合，为科研注入更多新鲜思路，为职业生涯的进一步提升创造条件。从教育实践方面看，第四阶段的教师承担着引领和改变的责任，需要利用所积累的丰富的教学经验与创新的教学手段为学生提供更高质量的教学服务，寻求教育创新的可能性。除了课堂教学，还可以通过编写教材、设计教学资源，或通过开展教学研究引入新技术、开发新课程等来推动教育内容和教学方面的创新。

第四阶段的教师除了专注于教学与科研，还需要承担更多的社会责任，如积极参与教育改革的讨论和调研、青年教师指导、社区教育推动等活动，将个人价值融入社会贡献中，超越自我，实现个人价值。另外，教师还可以参加公益讲座、教育培训以及社会项目，从而影响更多受众，将教育的影响力扩展到更广泛的领域，为教育事业的全面发展注入新的活力。

四、高校教师职业生涯规划中的个人品牌建设

高校教师职业生涯发展规划中的个人品牌建设是一项综合性的任务，其本质是将教师个人在教育、学术和社会服务等多领域的优势整合为独特且有辨识度的形象。品牌建设是职业发展的重要手段，也是教师实现社会认可、自我提升的重要路径。在数字化信息时代背景下，高校教师个人品牌的价值愈发凸显，可以为教师的专业化发展提供强有力的助推力。

（一）高校教师个人品牌的意义

个人品牌是高校教师长期从事教育和科研活动过程中形成的职业形象与社会认同，是其在教育系统、学术圈乃至社会中展示的核心竞争力。

对于高校教师而言，个人品牌是职业发展的基础，它承载着教师的学术成果、教学能力、道德品质和社会责任感。

1.个人品牌建设体现了教师的专业深度和影响力

教师作为高校中教育与科研的核心角色，其个人品牌反映了教师专业能力和学术成果的积累。通过个人品牌建设，教师能够更好地展示其在学术研究、教学方法和社会服务等方面的综合实力。具有深度的个人品牌建设能够帮助教师在特定领域树立权威性和辨识度，扩大其学术影响力和社会认可度。

专业深度的形成需要教师长期在学科领域内进行深入研究与创新。通过持续性的研究成果积累，教师可以在学科领域内形成具有原创性和实践价值的学术观点，这是专业深度的体现，也是个人品牌建设的重要基石。教师在教学过程中通过将专业知识转化为有效的教学内容，帮助学生在学科领域内获得深入理解与能力提高，这也是品牌影响力的外在表现。教学成果的传播和社会反馈为教师品牌提供了更多正向的支持，使其在行业内外都具有较高的辨识度。

2.个人品牌是高校教师职业竞争力的外化表现

高校教师职业发展中面临的竞争十分激烈，个人品牌是教师脱颖而出的重要方式。个人品牌是教师能力和成就的体现，也是资源和机会的吸引力所在，高校教师在职业生涯中的晋升、科研资源的获取、学术合作的拓展等方面可以依靠个人品牌所积累的影响力来提高竞争力。高质量的科研成果、高效的教学方法以及良好的师生关系都为个人品牌竞争力注入了内在力量。通过品牌化的表达，教师可以清晰地向外界展示其在学术研究、课堂教学和社会服务等领域的核心优势，外界对教师个人品牌的认知反过来促进了教师自身职业发展机会和平台的拓展。

高校教师的职业竞争力还涉及社会对其能力与价值的认同。在社会大众对教育质量要求不断提高的情况下，教师个人品牌的影响力可以有效传递教学质量的可靠性和学术研究的前瞻性，进而提高社会信任度。社会信任度反过来会促进教师的职业拓展，为教师的职业生涯带来更多选择和可能性。

3. 高校教师个人品牌能够增强高校的整体声誉

高校的声誉很大程度上依赖于教师的专业能力和学术成就，教师个人品牌的成功建设能够直接提高高校的整体影响力。通过在学术领域内的广泛传播，教师个人品牌能够为高校带来更多的学术合作、研究资源和生源吸引力。教师作为高校的代表，其个人品牌影响力能够有效扩大高校在社会中的知名度与认可度，为高校带来更多学术资源和合作机会，资源的引入能够推动高校教育水平和科研实力的提升，形成良性循环。

（二）高校教师个人品牌建设的有效路径

高校教师个人品牌的建设需要与其专业化发展目标相结合，注重学术深度与社会影响力的同步提高。高校教师个人品牌建设的有效路径有以下几种（图 5–2）。

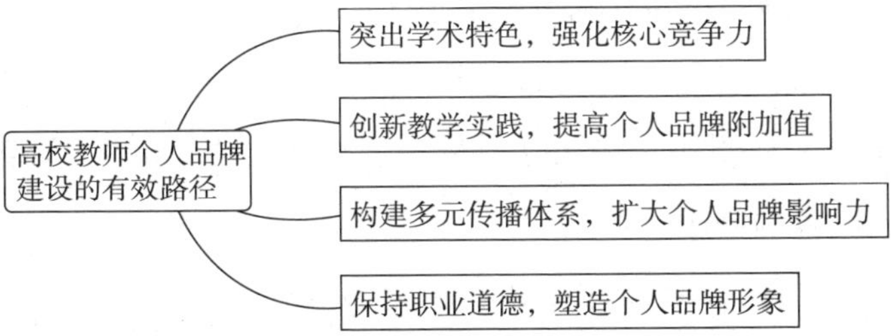

图 5–2　高校教师个人品牌建设的有效路径

1. 突出学术特色，强化核心竞争力

学术特色来自教师在学科领域内的深耕细作和独特贡献，这是学术积累的展现，也是教师在学术竞争中赢得话语权的关键。通过聚焦于某一领域的研究主题，教师能够形成具有辨识度的个人学术品牌。学术特色的建立需要教师长期投入，通过高质量的学术成果、理论创新和实践应用在学界内外形成影响力。教师需要不断追踪学术领域的最新动态，提出具有前瞻性的研究问题，并使用原创性成果奠定自己的学术地位、突出自己的学术特色。教师应积极参与国际化学术交流，通过发表高影响力的学术论文、参与国际学术会议、主持全球性科研项目等形式，使自己的学术研究具有国际化视野和影响力，从而提高个人品牌的价值、强化核心竞争力、为所在高校的良好声誉提供有力支撑。

2. 创新教学实践，提高个人品牌附加值

高校教师采用个性化、互动性和实践性的教学模式，能够在学生中树立良好的形象，进一步提高其个人品牌影响力。教学创新的实现需要教师不断探索新的教学理念和技术手段。例如，教师运用数字化工具和线上线下融合的混合式教学方法，能够为学生提供更加灵活、多样化的学习体验。在教学过程中，教师需要注重培养学生的独立思维能力、实践能力和创新能力，使学生在学习中获得多方面的成长。当教学质量提高后，教师能够塑造个人品牌，同时为学生的发展提供更好的支持。教师可以将教学实践中的问题转化为研究课题，将理论与实践相结合，进一步完善教学模式。如使用在课程设计中融入问题导向学习和案例教学等方法，使教学内容更加贴近实际需求，激发学生的学习兴趣，为教师个人品牌提供更高的附加值。

3. 构建多元传播体系，扩大个人品牌影响力

对于高校教师而言，通过线上与线下、学术与公众平台的结合，构建多元传播体系，在更广泛的范围内展示其个人品牌价值。从学术传播方面上看，教师需要充分利用学术期刊、国际会议、学术论坛等平台，将自己的研究成果传播给专业领域内的同行，提升学术声誉，为后续的学术合作创造更多机会。从公众传播方面上看，教师可以灵活使用科普文章、媒体采访、公众讲座等形式，将复杂的学术知识转化为通俗易懂

的内容，向更广泛的社会群体传递自己的专业价值。

数字化技术为教师个人品牌传播提供了更多可能性。教师可以利用个人博客、社交媒体、视频平台等数字化工具分享自己的教学经验、研究成果和学术观点。即时性和互动性强的传播方式能够快速扩大个人品牌影响力，加强教师与受众之间的沟通和联系。在传播过程中，教师需要注重内容的原创性和品质，以确保个人品牌形象的可信度和权威性。

4. 保持职业道德，塑造个人品牌形象

职业道德是教师个人品牌的核心要素，也是个人品牌形象建设的基础保障。高校教师在教学与科研工作中需要始终坚持诚信、敬业和公正的原则，以高标准的职业道德塑造正面的个人品牌形象。

在学术研究中，教师需要遵守学术规范，避免学术不端行为。诚信是学术研究的基石，也是教师个人品牌的基本要求。教师在学术研究过程中，应以严谨、客观的态度对待数据和结论，并主动承担社会责任，将研究成果用于推动社会进步；在教学工作中，教师需要以学生为中心，公平对待每一位学生，为他们提供无私的指导与支持。和谐师生关系的构建能够提高学生的满意度，也为教师个人品牌赢得更多的口碑。教师还需要以实际行动展现教育者的责任感与使命感，通过长期坚持职业道德，教师能够在学生和社会中树立可信赖的个人品牌形象，这是教师职业发展中不可或缺的一部分，也是个人品牌建设的长期战略目标。

（三）高校对教师个人品牌建设的支持

高校作为教师发展的重要平台，需在资源分配、制度制定、培训指导、推广宣传等方面为教师提供全方位的保障。具体做法可参考三点。第一，设立教师个人品牌建设专项基金，支持教师参与高水平的学术交流与社会服务活动。通过给予经济支持，减轻教师在个人品牌建设中的财务负担，为其提供更多的展示机会。第二，建立教师个人品牌评估与反馈机制，为教师提供专业的个人品牌建设指导。高校可以定期组织专家团队对教师的个人品牌建设现状进行评估，并根据其个人发展目标提供定制化建议，帮助教师优化个人品牌建设策略。第三，搭建个人品牌传播平台，助力教师个人品牌的社会推广。高校可通过官方线上公众平台、学术期刊专栏、线下宣传活动等校内外宣传渠道，积极推广教师的学术成就与教学成果。

第三节　健全高校教师的知识结构

教师的知识结构是其专业化发展的重要基石，涵盖了本体性知识、条件性知识、背景性知识、实践性知识等内容。以上内容形成了既专且博、理论与实践并重的综合知识体系，为培养高素质人才和推动学术进步提供了坚实的基础。

一、本体性知识

本体性知识是指学科内的基本概念、理论框架和思维方式，这些内容决定了教师在教学中的专业能力和教学效果。高校教师需要对学科内容有深入理解，深化对学科知识的理解，拓展其应用范围。本体性知识是教师知识结构中的基石，也是教师进行教学与科研的基础。

本体性知识的发展要求教师不断深化学科内容，掌握学科前沿动态，将这些知识灵活运用到教学和科研实践中。随着信息技术的普及和社会对教育需求的多样化，学科知识的边界不断拓宽。教师要适应新知识、新技术和新教育理念的挑战，通过持续学习保持专业的敏锐度和学术的先进性，不仅要掌握学科的传统内容，还要涉及新兴领域和跨学科研究，为教学和科研注入更多创新动力。高校教师在深化本体性知识时，应注重理论与实践相结合。一方面，理论知识的系统性和严谨性为教师提供了坚实的学术基础；另一方面，教学实践和科研活动能够激发教师将理论应用于具体场景的能力。通过案例教学、问题导向学习等方法，教师能够优化课程内容，将抽象的学科内容转化为学生易于接受的知识形式，发挥本体性知识在教育活动中的实际作用。教师的本体性知识对科研工作起到重要支撑作用。高水平的科研工作需要深厚的学术基础，教师只有在学科理论知识上达到较高水平，才能提出创新性问题并找到解决方案。本体性知识的深化为科研的突破提供了坚实保障，也进一步推动了学科的发展和学术影响力的提升。

从学术研究和学科教学方面看，教师必须紧跟时代步伐，主动学习新理论和新技术，可以通过参加学术会议、研读最新文献、进行学术交流等方式吸纳新知识，实现知识的更新。高校也要通过建立学习平台、组织培训活动等方式，为教师提供更多的学习机会和实践平台，丰富教师的知识储备，提高其应用能力。教师个人和高校共同努力能够最大限度推动教师本体性知识的提升。

二、条件性知识

条件性知识是高校教师专业化发展的关键环节，为教学目标的实现提供方法论支持。条件性知识主要包括教育学、心理学等领域的知识，是实施有效教学的重要支撑。

（一）教育学知识

深厚的教育学知识使教师能够系统理解教育目标、原则、过程和方法，更好地掌握教育教学的规律，适应现代教育发展的多样化需求，提高教学质量。教师需要根据学生的学习特点和学科目标，灵活选择适合的教学方法和策略。通过掌握和运用教育学知识，教师能够设计出富有逻辑性和层次感的课程内容，并根据教学目标分解知识点、规划学习活动、优化教学过程，从而增强学生的学习体验，使教学更具成效。

教育学知识是条件性知识的重要组成部分，教师需要对不同的教学方法和理论流派有深入了解，根据不同情景选择问题导向学习法、合作学习法、项目学习法等合适的教学模式。只有教育者对教育学知识进行深入学习和实践应用，才能够在教学过程中更精准地满足学生的学习需求。

信息化教学工具和资源的广泛应用使得教学方式和学习途径发生了改变。掌握和应用现代教育技术是教师完善条件性知识的重要方向之一。教师可以通过数字化教学平台设计交互式课程，为学生提供多维度的学习体验。教师设计数字化课程时需要考虑教学目标和内容的适配性，还需要关注技术工具的实际效果，以便提高课堂效率，激发学生的学习兴趣和主动性。

（二）心理学知识

心理学知识能够帮助教师理解学生心理发展的规律，了解学生的认知特点和心理需求，有效组织教学活动，其重要性不言而喻。

第一，心理学知识为高校教师提供了理解学生内心世界的钥匙。高校学生处于身心快速发展的关键时期，面临着学业压力、人际关系、职业规划等多重挑战，心理状态复杂多变。掌握心理学原理可以使教师更敏锐地察觉学生的情绪变化、学习动机及潜在的心理障碍，然后采取提供心理支持、调整教学难度、激发学习兴趣等针对性的措施，促进学生的全面健康发展。

第二，心理学知识是教师优化教学设计、提高教学效率的重要依据。只有对学生认知规律有深刻的理解，教师才能设计出符合学生认知特点的教学内容和方法，如利用记忆曲线安排复习计划、通过小组合作学习促进学生间的互动与合作、运用正面激励策略增强学生的自我效能感等。这些方法不仅能够提高学生的学业成绩，还能够培养他们的创新能力和团队合作精神，为他们未来的社会生活打下坚实的基础。

第三，心理学知识有助于构建和谐的师生关系。良好的师生关系是教学成功的关键，理解学生的心理需求、尊重他们的个性差异是建立信任与尊重的基础。高校教师应运用共情、积极倾听等心理学技能与知识与学生进行有效沟通，营造一个开放、包容、支持的学习环境，使学生在这样的氛围中敢于表达、乐于探索。

三、背景性知识

背景性知识是高校教师知识结构中不可或缺的组成部分，涵盖了社会科学、自然科学、人文科学等专业知识和通识教育知识，对于提高教师的教学质量和教育影响力至关重要。

背景性知识为教师提供了认识教育环境的基本视角，使其能够在复杂多变的社会背景中进行教育决策。教育政策的制定通常是对社会需求和未来发展的回应，教师通过掌握背景性知识能够准确理解政策的内涵及其实施的方向，在具体教学实践中融会贯通，避免简单化和机械化的执行。随着社会的发展，教育的任务也不断变化，背景性知识的掌握使教师能够敏锐地感知社会文化的变化趋势，并根据这种趋势调整教育内容和教学方法，更好地契合学生的需求，回应社会对教育的新期待。

背景性知识并非单一的理论体系，而是多维度、多层次的综合知识体系。教师构建背景性知识时需要从教育政策、社会文化特征与变化、教育理论发展趋势等多个方面入手，构建多维背景性知识，实现理论与实践的双向互动。背景性知识具有很强的动态性，其内容随着社会发展和教育变革而不断变化，因此，教师需要通过持续学习和反思，不断更新和扩展自己的背景性知识结构。

四、实践性知识

实践性知识是教师在长期教育实践中积累的经验和直觉，它直接关系到教学和科研的成效。实践性知识作为理论与现实之间的桥梁，主要关注教师在课堂管理、学生互动等具体情景中理论知识的运用和实际问题的解决情况。

实践性知识能够将抽象的理论转化为具体的教学行动，这源于教师长期的教学经验和研究实践，是教师应对教育实际问题的智慧结晶。教学过程中面对复杂情景时，实践性知识能够帮助教师做出灵活而有效的行动，确保教学活动的顺利开展。课堂并非一个静态的空间，而是一个充满变化的动态场域。教师通过积累实践性知识，能够敏锐地捕捉课堂中的关键变化，并据此调整教学方法，优化学生的学习体验，提升课堂教学的效率，增强学生的参与感和满意度。

实践性知识并非单纯的理论学习或经验堆砌，而是教师在教学活动中通过观察、分析、反思和改进逐步形成的。高校教师可以通过参与教学交流活动、观摩优秀教师的课堂教学等方式，学习他人在教学过程中如何运用理论知识解决实际问题，丰富知识储备，将他人的实践智慧转化为自己的教学能力。教师在教学中运用实践性知识设计课程、规划课堂互动、评估教学效果，能够使教学活动更具针对性和有效性；科研活动中，实践性知识可以帮助教师发现现实问题并提出创新性解决方案。

第四节　提高高校教师教学能力

教学能力是教师专业素养的重要组成部分，也是衡量高校教师教学效果和教育贡献的重要指标。在新时代背景下，教育领域的发展变化、学生需求的多样化、知识更新的加速化等都对高校教师的教学能力提出了更高的要求。提高高校教师的教学能力是教师个体发展的需要，也是高等教育质量提高的时代命题。

一、教学设计能力

教学设计能力是高校教师教学实践水平的重要体现，主要包括课程大纲设计能力、课堂教学设计能力、紧跟教学发展前沿趋势的能力（图5–3）。

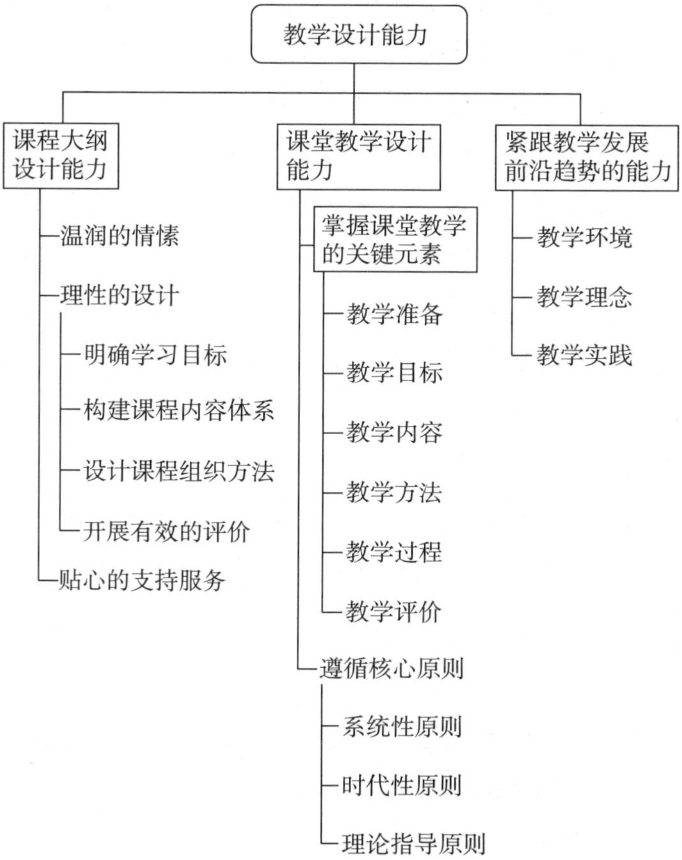

图 5–3　高校教师教学设计能力

（一）课程大纲设计能力

课程大纲是教学活动的蓝图，详细规定了学生学习中应获得的知识、技能范围，其设计直接影响到教学的质量和学生的学习效果。传统课程大纲通常较为固定，一旦确定便少有改动，这种做法虽保证了内容的稳定性，但容易限制教师的教学创新。为了提高教学活动的有效性和适应性，现代教育强调以学生为中心的课程大纲设计，目的是使教学内容和方法更加贴合学生的学习需要和发展趋势。课程大纲的设计要包括课堂名称、学习目标、学习内容等基本信息，大纲应详述课程的组织和实施方式，明确课程规章、评估标准、学习资源和学生的学习策略，能够帮助学生明确学习目标和路径，使学生主动承担学习责任、理解并实现课程目标。教师制定课程大纲时要发挥其专业能力，将教学理念和课程内容融为一体，创设开放且具有挑战性的学习环境。教师要持续更新自己的教学策略，将课程大纲作为一种动态的教学工具，不断调整和优化教学内容和方法。适应教育环境的变化和学生需求的发展，提高自身的教学设计能力，有效地促进学生的全面发展，实现教学目标的最大化。设计以学生为中心的课程大纲时，应着重考虑三个核心要素。

1.温润的情愫

高校教师在设计课程大纲时，投入温暖和细腻的情感是不可或缺的。在教学方法的应用和与学生的互动中，教师应通过关怀和支持的方式激发学生的学习兴趣和积极性，为学生创造一种鼓励和包容的学习氛围。

2.理性的设计

在课程大纲的设计中，教师应采取一种理性且系统的方法来确保教学内容、方法和评估策略能够有效支持学生的学习过程。为了达到这一目标，需要充分考虑以下四个方面。

（1）明确学习目标。教师应根据专业教育目标和具体课程的教育目的来设定明确、具体且可操作的学习目标，明确表达所期望学生掌握的知识和技能水平，以及学生在情感和态度上的预期改变。为了保证学习目标的有效性，教师需要进行彻底的需求分析，了解学生的知识水平和学习需求，包括对过往课程反馈的分析、对学生学习成果的调查以及与其他教育者（学科领域的专家等）的讨论。基于这些信息，教师可以设定既具有挑战性又符合学生实际能力的学习目标。

（2）构建课程内容体系。教师需要确保所选材料和内容不仅覆盖相关学科的基础理论和核心知识，还包括最新的研究成果和未来发展趋势。教师需要以学习目标为导向来选择和组织教学内容，将课程内容分解为核心知识点、重要知识点和拓展知识点，每类知识点的选择和组织都应支持学生达到既定的学习目标并促进学生的批判性思维和问题解决能力的发展。

（3）设计课程组织方法。教师需要创造性地结合各种教学策略和技术，支持小组讨论、案例研究、模拟实验、项目式学习、翻转课堂等动态和互动的学习环境。每种教学方法的选择都应基于其能够如何帮助学生有效达成学习目标的考虑。

（4）开展有效的评价。教师要设计形成性和总结性评价策略，观察和促进学生的学习进展。形成性评价可以通过日常的作业、课堂讨论和小测验来进行；总结性评价包括期末考试、最终项目或综合表现评估。所有的评价方法都应公平、透明并且与学习目标紧密相关。教师还要鼓励学生参与自评和同伴评价，提高他们的自我反思能力。

3. 贴心的支持服务

设计以学生为中心的课程大纲的关键在于提供贴心的支持服务，使大纲成为教学与学习的有效工具。其核心是确保学生清晰理解学习目标、策略和评估方式，能够接触到课程与相关的所有重要信息和资源。课程大纲应超越单一的教学计划，转变为一个为学生提供教材、延伸资料、实践练习等全方位学习资源的学习支持框架。教师要整合并提供这些资源，确保学生可以轻松地访问和利用，以支持他们的学习需求。资源的组织方式应便于学生使用，例如，可以利用电子学习平台提供数字化的资源或在传统的纸质教材中附上带有额外资源的链接，明确列出实体资源如图书馆、学习中心、实验室等的信息，在大纲中为学生指明如何访问这些设施。

课程大纲的编写应当注重清晰性和易懂性，使用简洁、精确的语言来描述课程内容和要求。为了提高其可理解性，教师可以利用思维导图、流程图等视觉辅助工具来阐明复杂的概念和流程，帮助学生更好地理解课程结构和期望。教师应该提前将课程大纲分发给学生，确保他们有足够时间来阅读和准备。课程开始的前几周，教师可以安排时间与学生一起讨论大纲内容，确保他们完全理解课程的学习目标、内容组织和评估标准，提高学生对课程的投入和责任感；还可以通过学生的反馈对大纲进行必要的调整。教师在课程实施过程中应定期回顾并更新大纲，确保其内容符合学科发展和教学需求的变化。

（二）课堂教学设计能力

课堂教学设计是指教师依据教育目标、学科特点以及学生实际需求，制订科学合理的教学方案的过程，它以促进学生学习效果为中心，注重知识、能力与情感目标的协调发展。一方面，课堂是学生学习的主场所，是教师育人的主渠道，是教育的主场；另一方面，课堂是教学实践的"试金石"，也是教育研究的"试验田"，没有课堂变革作为依托，所有的教育教学改革都会成为空中楼阁。[①] 有效的课堂教学设计要求教师在宏观与微观层面具备系统思维，平衡教学内容的学术性与实践性，灵活运用多样化的教学方法以适应不同学生的学习需求。课堂教学设计是教师进行教学活动前不可或缺的一步，也是教学实践中教师专业水平的核心体现，它直接影响到教学活动的有序性、学生学习的成效以及课程目标的实现程度等。高校教师课堂教学设计能力的提高需要把握以下几点。

1. 掌握课堂教学的关键元素

课堂教学的关键元素包括教学准备、教学目标、教学内容、教学方法、教学过程以及教学评价，每一个元素都对教学成效有着深远的影响。

（1）教学准备。教学准备是课堂教学设计的起点，主要包括对教师

① 邱艺，谢幼如，李世杰，等．走向智慧时代的课堂变革 [J]. 电化教育研究，2018，39(7)：70–76.

自身、学生群体以及教学环境的全面分析。一方面，教师需要评估自己的专业能力和教学风格，利用自身优势进行教学活动的策划。另一方面，教师需要深入了解学生的基础知识水平、学习需求和潜在发展区域，以便设定合理的教学目标和教学任务，激发学生的学习动力。另外，硬件和软件环境的分析也不容忽视，它们能够对教学活动的实施和学生的学习效果产生直接的影响。

（2）教学目标。教学目标的设计需要明确知识、技能、态度等具体目标，还需要与专业人才培养的大目标紧密对接，为课堂教学的所有活动提供指导。课堂学习目标的具体化能够有效指导教学活动，避免教学内容空泛。

（3）教学内容。教学内容是课堂教学设计的核心部分，其选择与组织直接影响教学目标的达成。高校教师需要根据学科特点与课程目标筛选具有代表性与适用性的知识点，并进行科学组织。内容选择既需要注重学术性，还需要考虑其与社会发展需求的关联性和最新发展趋势，如能否帮助学生建立学科知识与实际问题之间的联系、反映最新的科学和技术进展等。从内容的组织方面上看，教师需要遵循渐进性与系统性原则，渐进性原则要求知识点的呈现由浅入深，符合学生的认知规律；系统性原则要求教学内容之间形成有机联系，避免零散的知识堆砌。科学的内容组织方式能够帮助学生构建完整的知识体系，提高学生的学习兴趣与思维能力。

（4）教学方法。高校教师需要根据教学内容的特点和学生的学习需求，灵活选择启发式、探究式、合作式等教学方法，引导学生主动参与知识的获取与应用，帮助其形成自主学习能力与创新思维。教学方法的实施需要注重与教学内容的契合度。对于理论性较强的课程，教师可以采用案例分析法，将抽象理论与实际情景结合，增强学生对知识的理解深度；对于操作性较强的课程，教师则可以设计实验教学，通过实践活动巩固学生的学习效果。

（5）教学过程。教学过程是教学成果的直接体现，它要求教师详细规划教学活动的内容和顺序，考虑教学互动和技术支持。教师还要预设各阶段的学习目标，并根据实际教学反馈调整教学策略。

（6）教学评价。教学评价是课堂教学设计的结束部分，关系教学效果的最终呈现，能够为教学过程的调整和优化提供重要依据。科学的课堂教学评价需要对学生的知识掌握、能力提高与态度培养等多个维度进行全面评价。课堂提问、课后作业、小组展示等多种方式都能够为评价提供数据支持。

2. 遵循核心原则

高校教师提高课堂教学设计能力需要遵循系统性、时代性、理论指导三大核心原则，确保教学活动与现代教育需求紧密相连。

（1）系统性原则。课堂教学设计涉及教学内容、学习目标、教学方法等多个组成要素，教师在进行课堂设计时要坚持系统性原则，从整体上进行布局，确保所有教学活动都围绕学习目标展开，并通过连贯的教学流程整合教学资源和活动。

（2）时代性原则。时代性原则强调课堂教学设计反映当代教育理念的发展，尤其是以学生为中心的教学理念。不同于传统教育，现代教育强调学生是主动的学习者，拥有独立思考和创新的能力。教师在课堂教学设计中应充分利用翻转课堂、项目学习等创新教学方法和技术，激发学生的主动性和创造性，使他们在互动和探索中学习知识，更好地适应社会的需求。

（3）理论指导原则。有效的课堂教学设计需要在坚实的理论基础上进行，成人学习理论、建构主义学习理论、多元智能理论等提供了关于如何设计教学、如何进行学生学习评估以及如何创建支持学生全面发展的课堂环境的指导，能够提高学生的学习动力和参与度。

（三）紧跟教学发展前沿趋势的能力

在新时代背景下，随着信息技术的迅速发展，教学环境的不断演变，教学理念和实践也在持续更新，这要求教师紧跟教学发展的前沿趋势，具备前瞻性和适应性。现代教育要求学生成为具备全球视野和终身学习能力的创新型人才，课堂教学设计应该适应这一转变。未来的课堂将变成一个包含人类互动、技术应用、环境因素和丰富资源的综合学习平台，大数据和人工智能的应用能够更精准地满足学生的个性化学习需求。未来教学设计的研究由认知主义的离身认知转向了具身认知，在人类学、神经学、社会学、心理学、哲学、生态学和生物学等不同学科领域之间产生了可喜的融合。[①] 教师设计课堂时应采用跨学科的视角，整合各种教育资源，创建一个促进学生主动学习和个性化发展的环境。未来课堂的发展还将深化信息技术在教学中的应用，推动智慧化课堂的实现。智慧化课堂是技术的集成和教学模式的革新，翻转课堂、混合式学习、自适应学习等模式是利用技术的力量，实现教学内容的个性化适配和教学策略的动态优化，更有效地增强学生的学习效果。

尽管教学技术和方法在迅速发展，但课堂教学的核心始终未变：教育的本质在于育人。教师的责任是从整体和生命的视角出发，关注每一位学生的成长和发展。在进行教学设计时，教师应以学生为中心，利用技术创建丰富多元的学习环境，实施高效的教学策略，为学生提供量身定制的学习体验，帮助学生建立正确的价值观念和发展个性，激发他们的创造潜能，从而培养具有良好价值取向、较强行动能力、较好思维品质、较深创造潜能的人才。[②]

---

① 王靖，刘志文，陈卫东．未来课堂教学设计特性：具身认知视角[J].现代远程教育研究，2014(5)：71-78.

② 祝智庭．智慧教育新发展：从翻转课堂到智慧课堂及智慧学习空间[J].开放教育研究，2016，22(1)：18-26，49.

二、教学实施能力

教学实施能力是连接教学设计和教学评价，决定教师教学活动的效率和学生学习效果的关键技能。有效的教学实施能力能够确保教学目标的高效达成，增强学生的学习效果与课堂体验。教学实施能力并非单一的技能，而是多种能力的集合，它要求教师具备清晰的教学目标意识，能够将课程目标转化为具体的教学活动，并通过一系列互动与反馈机制，使学生真正掌握知识并提高学习能力。在此过程中，教师需要精准地理解课程设计的意图，并在课堂上灵活调整教学内容的呈现方式，以适应不同学生的学习需求。

（一）教学实施能力的具体内容

互动是一种教学手段，也是教师了解学生学习状况、调整教学进程的重要方式。教师在课堂中需要通过开放式提问、分组讨论、角色扮演等多种方式与学生形成积极的互动关系。有效的互动能够激发学生的学习兴趣，增强其对课程内容的理解与应用能力。

课堂节奏直接影响学生的注意力分配与学习效率，因此，教师需要根据教学目标与学生反馈合理安排讲授、提问、讨论等环节的时间比例。在知识点较为复杂或学生表现出疑惑时，教师需要适当放慢讲解速度，并通过举例或演示等方法帮助学生更好地理解内容；而在学生兴趣较高时，教师可以适当加快节奏，拓展课程内容，为学生提供更多思考与探索的空间。教学活动需要在一个有序的环境中进行，而课堂秩序的维护是确保教学活动顺利开展的基础。教师需要制定并执行合理的课堂规定，营造一种既具约束力又充满活力的学习氛围，尊重与理解学生，培养其自律意识与合作精神。教师在课堂教学中要密切关注学生的反应，通过面部表情、肢体动作、回答问题的质量等多方面信息，了解学生对知识的掌握情况与学习情绪的变化，以便实时调整教学策略。

（二）教学实施能力的优化——以翻转课堂为例

现代信息技术的发展为高校教师教学实施能力的优化提供了更多可能性。特别是基于微课的翻转课堂教学模式得到普遍推广后，教师需要具备微课制作、互联网课程建设等信息化技能和以学生为中心的课堂教学组织能力。

翻转课堂的教学模式通常包括三个阶段：课前、课中和课后。教师在课前阶段，需要进行学情分析、目标设定、资源准备和任务布置，而学生则利用视频自主学习、完成练习和任务来准备课堂讨论。在课中阶段，师生需要团队协作，针对具体问题进行深入探究。此时，创造一个良好的课堂环境是关键。在课后阶段，教师利用学习管理平台对收集的学生学习活动数据进行全面且深入的分析。基于这些详细的数据，教师能够精准地了解每个学生对知识的掌握程度、在学习过程中遇到的困难以及学习进度的差异。

翻转课堂的优势在于提供了广阔的自主学习空间，学生可以通过视频控制学习节奏，根据个人需求调整学习进度。翻转课堂的实施优势体现在多个方面：第一，增强了学生的自主学习能力，允许学生根据个人学习情况选择学习路径，有助于实现个性化学习和自主学习的教学目标；第二，通过课前的充分准备，课堂时间被用于进行更高质量的讨论和互动，有效提高了学生的团队合作能力和问题解决能力；第三，学习管理平台的使用将课堂互动延伸到在线空间，便于记录和分析学生的学习活动，为教师提供了强大的后台支持，使得教学反馈更为及时和有效。

翻转课堂对教师教学实施能力提出了如下要求：课前、课中、课后三个阶段中的教学活动都应充分准备并有效执行。在课前阶段，教师的任务是准备和构建教学内容。第一，教师需要对课程内容进行重新架构。由于微课的时间通常不超过 15 分钟，教师必须将课堂内容拆解为更小的知识单元。这些知识单元需要分为核心知识点、重要知识点和一般知识点，以确保教学内容既全面又重点突出。第二，教师需要设计并录制微课视频，这包括编写微课视频的脚本以及掌握视频编辑软件的使用。第三，教师需要在线上平台上传微课视频、设置课前测试题、明确学生的学习准备要求等，在课程资源栏目中提供丰富的学习材料，并利用公告栏和讨论栏促进师生的在线互动。课中阶段，教师的角色转变为活动的组织者和引导者。在翻转课堂中，教师利用课堂时间组织互动和协作学习活动，使学生能够在实践中深化对知识的理解和应用。这一过程需要根据学科特点、学生特性和教师教学理念来设计和安排课堂活动，促进学生知识的内化，提高学生解决问题的能力。在课后阶段，教师的重点转向教学的评价和反思。教师需要利用各种评价工具和方法对教学过程中的各个环节进行评估，确保学习目标的实现。通过对课堂教学的细致反思，教师可以识别教学中的优势和不足，持续改进教学设计和实施策略。

三、教学评价能力

评价是指利用系统的分析方法，收集大量的资料，对教学过程和教学成果做出准确而有效的价值评价。①教学评价是一种信息获取、判断形成以及决策实施的系统过程，包括评价准备、信息获取、判断形成以及利用这些判断进行决策四个阶段，它是对教学成效的一个系统评价，也是通过收集和分析大量数据来对教学活动的质量进行准确评估的过程。教学评价的内涵可以归纳为三类：第一种观点认为教学评价主要是对学生的知识、技能、情感以及价值观等方面的表现进行评价；第二种观点认为教学评价既包括对学生的评价，又包括对教师教学行为的评价；第三种观点侧重于对教师课堂教学行为的评价。在此以第三种观点为基础讨论高校教师教学评价能力（图 5-4）。

①程洋洋．翻转课堂中过程性教学评价指标体系的构建与应用研究[D]．昆明：云南大学，2015.

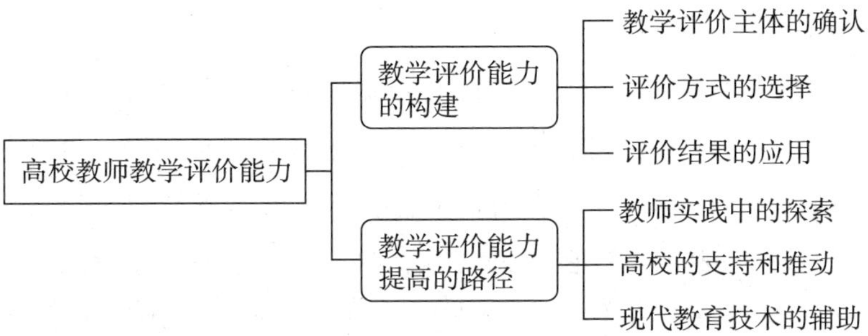

图 5-4 高校教师教学评价能力

（一）教学评价能力的构建

教学评价能力的构建需要从评价主体的确认、评价方式的选择、评价结果的应用三个方面入手，做到协调统一，确保教学评价的全面性与科学性。

1. 教学评价主体的确认

教学评价的主体决定了评价视角的多样性和评价结果的客观性，有效的教学评价需要教师本人、学生、同行教师、高校管理者等多方主体的参与。

教师作为教学活动的组织者，既是评价的执行者，又是反思的主体。通过自我评价，教师能够从教学过程、课堂组织、知识传递等多方面发现问题，为改进教学设计提供依据。学生作为课堂教学的直接参与者，其评价是教学反馈的重要来源。通过了解学生的学习体验和对课堂内容的理解，教师可以调整教学方式，使其更加贴近学生的需求。同行教师的评价则为教学活动提供了专业视角。通过教学观摩与交流，教师能够从同行的建议中吸取经验，进一步优化教学实践。高校管理者的评价注重教学的整体效果与发展方向，其意见对课程设置、资源配置等具有指导意义。

2. 评价方式的选择

评价方式的选择取决于教学目的和实际需求，科学选择评价类型有助于实现评价的针对性和有效性。常见的评价类型包括形成性评价、终结性评价、诊断性评价等。形成性评价贯穿于教学的全过程，关注学生在学习过程中的表现，旨在通过实时反馈帮助学生改进学习效果，同时为教师调整教学策略提供依据；终结性评价主要针对教学活动的结果，能够全面反映学生对课程内容的掌握程度，以及教学目标的达成情况；诊断性评价则侧重于教学前的准备阶段，帮助教师了解学生的起点水平，通过明确学生的知识基础和能力状况，教师可以有针对性地设计教学内容，确保课程目标的实现。

3. 评价结果的应用

教学评价的最终目标是通过评价结果的使用实现教学的改进与提高。科学合理地运用评价结果不仅能帮助教师改进教学设计，还能为学生的发展提供支持。

教师在教学反思中需要充分利用评价结果，分析教学目标的达成情况与学生表现之间的差异。教师通过比较不同教学环节的效果能够明确哪些方面需要加强，哪些方法具有良好的实践效果。学生的学习改进同样需要依托评价结果。评价结果向学生反馈其学习表现，并提出具体的改进建议，能够帮助学生明确学习方向。高校管理者也需要从评价结果中总结经验，为高校的教学改革与资源配置提供依据。

（二）教学评价能力提高的路径

教学评价能力的提高不仅需要教师在实践中不断探索与积累，也离不开高校的支持和推动。

记录教学过程和分析评价数据，总结教学中的得失并基于反思结果调整教学实践能够帮助教师发现问题，促使其从教学细节中提炼经验，为能力提高提供实践支持。高校需要通过定期举办教学评价培训会和研讨会，帮助教师学习先进的评价理论与方法。通过参加培训会和研讨会，教师可以分享评价经验，探讨改进方法，为评价实践注入更多创意，也能够在群体智慧的碰撞中实现能力的提高。

现代教育技术为教学评价能力的提升提供了新的工具与方法。例如，教师通过在线测评平台可以实时收集学生的学习数据，为评价提供客观依据。智能分析工具的运用也能够帮助教师从复杂数据中提取有效信息，为教学决策提供科学支持。

第五节　提高教师科研能力

高校教师的科研能力是推动学术创新和教育进步的关键因素，也是衡量教师专业化发展水平的重要标志。培养并提高教师的科研能力是教师个人发展的需求，更是实现高校教育改革目标的重要途径。

一、高校科研的主要类型

高校科研在知识生产与创新的过程中扮演着关键角色，其中基础研究、应用研究和发展研究是最具代表性的三大类别，它们既相互独立又彼此联系，共同构成了高校科研的复杂体系。

（一）基础研究

基础研究以学术本质为出发点，旨在探求自然界、社会现象及物质世界的基本规律。基础研究的研究者通常专注于未被解释的领域，对知识的扩展和自然法则进行深入了解，通过理论分析和实验验证推动人类知识边界的扩展；通常不直接追求研究成果的经济利益或即刻的实用性，而是着眼于长远的科学引导和理论创新。基础研究的价值主要在于它为科学技术的长期发展提供理论基石，尽管其研究周期可能较长且结果不易预测，但对经济和社会的进步具有潜在的重大影响。

基础研究分为两种类型：纯基础研究和应用基础研究。纯基础研究不以任何具体的商业应用为目标，其主要贡献在于推动学术领域的发展；应用基础研究虽然有着明确的应用前景，但其实际效用仍然侧重于理论上的贡献和间接的实用价值。高校是基础研究的理想场所，能够为研究者提供必要的学术自由和资源支持，促进高水平学术人才的培养和科学理论的创新。

（二）应用研究

应用研究聚焦于解决与国民经济和社会发展紧密相关的实际科技问题，特别是那些涉及人口、资源和环境的重大挑战。应用研究旨在通过科技创新推动经济结构的优化、提高劳动生产率、促进经济增长方式的转变等，为现实问题提供科学的解决方案。应用研究依托基础研究的理论基础，是科技进步和经济发展的桥梁，也是连接基础研究与发展研究的重要环节，它能够确保理论研究转化为实际应用，支持社会和经济的全面协调发展。应用研究要求研究者具备扎实的理论基础和敏锐的洞察力。在高校科研体系中，应用研究占据着不可或缺的地位，它是知识转化的过程，也是创新实践的关键步骤。高校开展科研工作过程中应重视应用研究的发展，鼓励学者们将理论研究与实际问题结合，通过跨学科的合作解决那些对社会有直接影响的问题，实现科学研究与社会需求的高度融合。

（三）发展研究

发展研究是一种结合理论探索与应用需求的综合性研究类型，它涵盖了将基础研究与应用研究的成果转化为实际生产中可用的新材料、新产品、新设计以及改进现有生产流程和方法的全过程。发展研究不单纯追求知识的获取，而是着眼于将这些知识实际应用于生产实践，实现科技成果的商业化和实用化，推动技术优化和社会进步。发展研究的任务是通过系统的活动进一步放大和完善已通过实验获得的科研成果，探索其在新的应用场景下的潜力。发展研究具有明确的应用目标和高度的实用性，它连接了理论研究和市场应用，是推动科技进步和经济发展的关键环节。

高校科研中的发展研究具有高度的综合性和前瞻性，除了对绿色能源、人工智能、医疗科技等学术前沿领域的深入探索，还关注研究成果的长期效应和持续影响。高校应根据自身的科研方向和社会需求，明确科研重点并实施分类指导，确保科研活动的有效性和针对性。不同类型和层次的高校开展科研工作时，要结合自身的特点和优势，制订合理的科研规划。以教学为主的高校和师资力量较弱的新成立或升级的高校应先确保教学质量，然后在此基础上逐步开展科学研究；综合性或研究型高校要注重教育和科研的齐头并进。每所高校都应该根据自己的定位，合理配置科研资源，加强科研队伍的建设，不断提高科研能力和水平，给社会做出贡献。

二、高校教师科研行为的特点

高校教师的科研行为在其职业角色中占据重要位置，对其特点的深入探讨有助于教师理解科研活动的独特价值，还能够为高校制定有效的科研支持策略提供理论依据。

（一）教学与科研相统一的体现

高校教师的科研行为体现了教学与科研的统一性。虽然高校教师并非科研活动的唯一从事者，但高校教师的科研行为与教学任务紧密相关，这一点与其他研究机构的科研人员有所不同。高校教师从事的科研除了探索新知和解决学术问题，更多的是作为教育过程的一部分，以此来培养和激发学生的科研兴趣和能力。高校教师的科研行为与教学行为是相互依存的。高校教师通过科研活动能够更新和深化自己的学术知识和教学内容，还可以直接将最新的科研成果和科学思维方式带入课堂，丰富教学材料，提高教学质量。通过参与教师的科研项目，学生能够亲身体验科研过程，从中学习如何进行科学探索、数据分析，这有助于培养他们的创新思维和实际操作能力。

（二）对科学精神的传承

高校作为非营利组织，其主要任务是培养人才、创新知识、服务社会。在这样的环境中，高校教师享有一定程度的学术自由，可以基于兴趣进行研究，而非单纯追求商业利益。这种自由和兴趣驱动的研究环境为科学精神的传承提供了良好的土壤。高校教师作为基础研究的主力，他们的科研活动主要是出于对科学真理的追求和对知识未知领域的好奇，需要长期的投入，成果的实现可能没有直接的经济回报，其价值更多地体现在推动科学进步和技术创新上。

高校需要通过构建良好的学术生态环境，激励教师在科研中践行科学精神，包括设立公开透明的科研成果发布机制、组织学术研讨会、加强国际学术交流等，使教师能够在更广阔的平台上传承科学精神。

（三）跨学科协同

随着科学研究的复杂性和综合性不断增加，单一学科的研究方法和视角已不能解决许多现实问题，高校教师的科研行为跨学科协同的特点也日益明显。在科研实践中，教师通过与其他学科领域的专家合作，整合多学科的理论和方法，能够更全面地探讨问题。教育学与信息技术的结合是推动教学方式变革的重要力量，跨学科协同能够为高校教师的职业发展开辟更多可能性，使其学术成果更具社会价值。跨学科协同的实现需要高校提供跨学科研究专项基金、鼓励学科之间的资源共享等制度保障，还需要高校举办联合研讨会或设立学术联盟，为教师提供更多跨学科交流的机会，促进跨学科合作的深入开展。

（四）创新导向

高校教师科研行为以创新为核心导向，这一特点使科研活动在知识生产和技术进步中扮演了重要角色。教师的创新能力直接关系到高校在学术界的竞争力和影响力，它要求教师不断突破传统学科界限，探索新的研究领域和方法。教师的创新还体现在教学实践中，教师在科研中开发的新理论或新技术可以转化为创新的教学工具，为学生带来更加丰富的学习体验。创新导向要求教师具备敏锐的社会问题洞察力，能够根据社会需求调整研究方向，为社会发展提供前瞻性解决方案。为了支持教师的创新导向，高校需要完善科研评价体系，减少对数量化指标的过度依赖，注重科研成果的质量和创新性；还要建立多元化的科研资助渠道，为教师从事高风险、高回报的创新研究提供稳定支持。

三、提高教师科研能力的策略

提高高校教师科研能力是一个系统工程，既需要教师自身的努力，又需要高校的支持与配合。教师要树立科学的科研意识、丰富知识储备与学习、积极参与科研实践、建立科研团队、重视合作；高校要营造良好的科研环境、提供科研资源支持、加强科研管理与服务、开展科研培训与指导。这样才能够不断提高高校教师的科研能力，推动高等教育事业的发展。

（一）教师自身层面

1. 树立科学的科研意识

教师应善于在日常教学和学术研究中发现问题。例如，在教学过程中，教师应关注学生在学习中遇到的难点和易错点，思考背后的原因。以理工科课程为例，学生可能对某些复杂概念理解困难，教师就可以思考如何改进教学方法、优化教学资源来帮助学生突破难点。教师还应广泛阅读学术文献，了解学科前沿动态，寻找现有研究的空白和争议点，以此作为科研选题的切入点。在人文社会科学领域，教师可以将新兴的数据分析技术应用到文本研究中，挖掘以往研究未发现的规律；在自然科学领域，教师可以尝试跨学科融合，如将生物学与材料科学结合，探索新型生物材料的研发。教师需要保持对新知识、新技术的敏感度，积极参加各类学术交流活动，拓宽视野，培养创新意识。

2. 丰富知识储备

教师应深入钻研本学科的基础理论和专业知识，构建完整的知识体系。例如，数学教师不仅要掌握高等数学、线性代数等基础课程的知识，还要关注数学领域的前沿研究成果，如代数几何、数论等方向的最新进展，以便在科研中能够运用扎实的专业知识解决问题。教师可以通过参加线上线下的培训课程、阅读专业书籍和学术论文等方式，提高自己在科研方法和工具使用方面的能力。

随着学科交叉融合的趋势日益明显，教师需要具备跨学科知识。例如，环境科学研究涉及化学、生物学、地理学等多学科知识，教师只有具备足够丰富的跨学科知识储备，才能全面深入地研究环境科学问题。教师可以通过选修跨学科课程、参加跨学科研讨会等方式拓宽自己的知识领域。

3. 积极参与科研实践

教师应主动参与各级各类科研课题，从校级课题开始逐步积累科研经验。在课题研究中，教师要明确自己的角色和任务，积极承担研究工作。在学术会议上，教师可以通过口头报告、海报展示等方式展示自己的研究成果，与其他学者进行深入交流和讨论，获取反馈意见，进一步完善自己的研究，同时了解他人的研究动态和先进经验，为今后的科研合作打下基础。在撰写论文时，教师要注重论文的质量和规范性，遵循学术论文的写作规范和要求。

4. 建立科研团队、重视合作

教师可以根据自己的研究方向和兴趣，与校内其他教师组建科研团队。团队成员应具备不同的专业背景和技能，形成优势互补。教师还可以与企业积极开展合作研究，这样能够将科研成果应用到企业的生产实践中，同时企业能够为教师提供实践平台和资金支持，促进科研成果的转化和应用。

（二）学校层面

1. 营造良好的科研环境

首先，高校应建立鼓励教师开展科研工作的机制，可以通过设立科研专项奖励基金，对在科研工作中取得突出成绩的教师给予物质奖励；可以在职称评定、绩效考核等方面提高科研成果的权重，激励教师积极投身科研工作；还可以简化科研项目申报和审批流程，为教师开展科研工作提供便利。其次，高校应定期举办学术讲座、学术论坛等活动，邀请国内外知名专家学者来校讲学，分享最新的研究成果和研究方法。再次，高校可以组织学术沙龙、科研成果汇报会等校内学术交流活动，为教师提供交流和展示的平台。最后，高校可以建立学术交流群、科研论坛等线上交流平台，方便教师随时随地进行学术方面的讨论。

2. 提供科研资源支持

首先，高校应该加大对科研工作的资金投入，如设立科研专项经费用于支持教师开展科研项目、参加学术交流活动、购买科研设备和图书资料等。其次，高校应积极争取外部科研经费，为教师的科研工作提供更多的资金保障。再次，高校应建设完善的科研实验室、研究中心等科研基础设施，配备先进的科研设备和仪器，为教师开展科研工作提供硬件支持。最后，高校应加强图书馆建设，丰富图书馆的图书、期刊、电子数据库等文献资源，为教师的科研工作提供丰富的信息资源，并且应及时更新和补充各类文献资源，满足教师的学术研究需求。

3. 加强科研管理与服务

高校需要建立健全科研项目管理制度，规范科研项目的申报、评审、立项、实施、结题等各个环节的管理。首先，高校应加强对科研项目的过程管理，定期对科研项目的进展情况进行检查和评估，及时发现和解决项目实施过程中出现的问题。其次，高校应建立科研项目绩效评价机制，对科研项目的成果质量、应用价值等进行评价，为科研项目的管理和决策提供依据。再次，高校应为教师提供全方位的科研服务保障，包括科研项目申报指导、文献检索与分析、科研设备使用培训等服务。最后，高校应不断加强与科研管理、财务等相关部门的沟通与协调，为教师解决科研工作中遇到的各种问题。

4. 开展科研培训与指导

高校应针对新入职的教师开展科研方面的入职培训，帮助新教师了解高校的科研制度、科研项目申报流程、科研方法与工具等基础知识。培训内容主要包括科研伦理与规范、文献检索与管理、科研论文写作等方面，通过培训使新教师尽快适应高校的科研工作环境、掌握基本的科研技能。高校还应定期组织教师参加科研能力提高的培训，根据教师的科研需求和水平，开展有针对性的培训课程。培训方式可采用线上线下相结合的方式，并邀请校内外专家学者进行授课和指导。

第六节　培养高校教师教学管理能力

高校教师的教学管理能力是提高课堂有效性和实现教育目标的重要保障，也是衡量教师综合素质和专业化水平的重要标准。在新时代背景下，教学管理能力的内涵已经从传统的课堂管理扩展到教育知识管理、情绪管理等更广泛的领域，这要求教师具备科学管理课堂的能力，能够整合教育资源、有效应对教学过程中的情绪变化，实现教学的高效与和谐。有针对性地培养教师的教学管理能力可以提高教师的职业素养，促进学生和高校教育的整体发展，为教育事业的长远发展奠定坚实的基础。

一、课堂管理能力的培养

（一）课堂管理的主要功能

课堂管理的根本目的在于创造和维护一种教学环境，使之有效地支持和促进学生的学习。课堂管理不仅仅是一种简单的行为控制或纪律维护，它在教学中有着多重功能。

1. 维持功能

课堂管理的维持功能主要是保证课堂的正常运行，确保教学活动能够按计划无阻碍地进行。课堂管理需要教师关注教学环境中的各种变量，预防和处理课堂中可能出现的各种突发情况，制定科学合理的规则体系并灵活运用管理方法使这些规则得以落实。

2. 促进功能

教师采用科学的管理方法，可以激发学生的学习动机和潜能，优化师生互动，增强课堂的教学效果。良好的课堂管理能协调课堂内部的人际关系，建立一个相互尊重、合作的学习社群，使师生能够共同为实现教学目标而努力。通过课堂管理，教师能够鼓励学生参与课堂活动，使他们对学习更加投入、更有责任感，确保每一次课堂都能取得预期的教学效果。

3. 发展功能

课堂管理的最终目标是实现学生综合素质的全面发展。高校教育注重学生的自主性和创造性，课堂管理需要关注学生行为和心理发展的长远目标。通过优化管理手段，教师可以为学生营造更加适合发展的学习环境，帮助学生在知识、能力和价值观念等方面取得进步。发展功能要求课堂管理从“治标”向“治本”转变，注重培养学生的自主学习能力和责任意识。教师需要在课堂管理过程中融入教育引导，通过规则的制定和执行使学生逐步养成自我约束的习惯，为学生未来的发展奠定重要基础。发展功能还要求课堂管理具有一定的前瞻性，能够帮助学生在不断变化的社会环境中找到自己的发展方向。通过创新管理策略，教师可以为学生提供更多的选择和可能性，帮助学生在学术和生活中取得更大的突破。

（二）高校教师课堂管理能力的培养途径

高校课堂管理是一项复杂的任务，高校教师要培养课堂管理能力，掌握有效的课堂管理方法，促进教学质量的提高。具体的培养途径如图5-5所示。

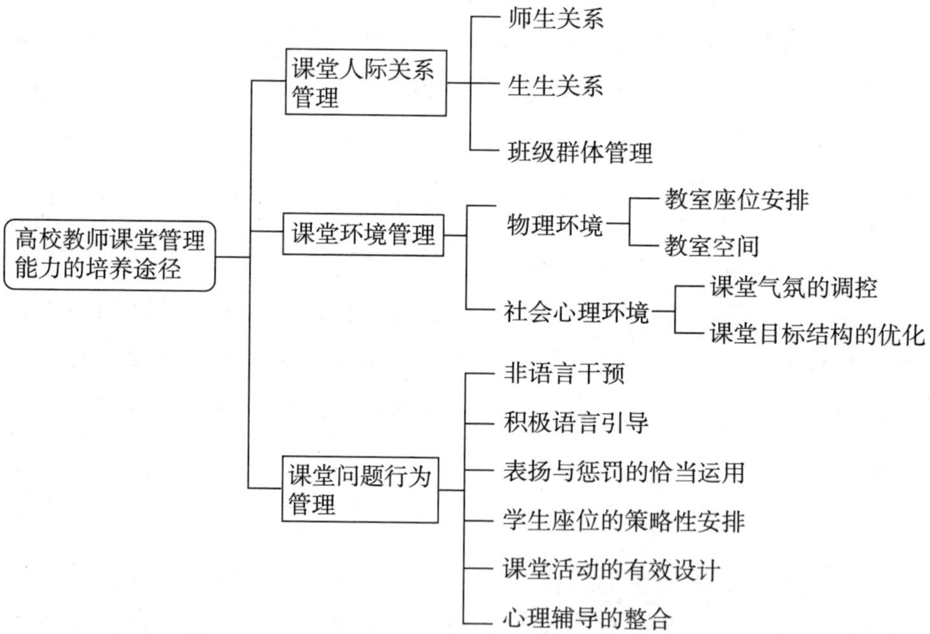

图5-5　高校教师课堂管理能力的培养途径

1. 课堂人际关系管理

课堂人际关系是一种社会关系，课堂中的师生关系、生生关系会影响学生在班级中所处的社会位置，这个社会位置又会反过来影响学生在课堂中的积极性，甚至影响学生课堂学习收获的多少。[①] 构建良好的课堂人际关系需要教师在教学过程中注重师生互动、同伴合作以及班级群体管理。

（1）师生关系。师生关系是教师与学生间相互尊重、支持与合作的关系。教师作为知识的传递者和学生情感支持及心理支持的提供者，需要展现开放和包容的态度，理解和尊重学生的个性差异，与学生真诚地沟通与互动。师生之间的关系应超越传统的权威模式，发展为更加平等和双向的互动关系，教师的角色更倾向于引导者和促进者。

（2）生生关系。生生关系即学生之间的关系，其质量会直接影响学生的社会适应性和学习动力。教师可以通过组织团队合作学习活动、小组讨论和互评活动等方式促进学生之间的正面交流和合作，促进学生在学术上相互支持，提高他们的社会交往能力和团队协作能力。积极的生生关系也能减少课堂内的冲突和对立，有利于创建一个更为和谐的学习环境。教师在课堂管理中要注重对生生互动的引导，提高学生之间的理解与协作能力。

（3）班级群体管理。班级群体包括正式和非正式的学生群体。正式群体包括班级委员会、学生会等，是教师组织和管理的重要平台。通过这些正式群体，教师可以有效地传达教学目标和组织班级活动，增强学生的集体意识和参与感。而对于非正式群体，教师需要识别其性质和影响，积极引导和利用这些群体的动力，以促进教学目标的实现和学生能力的发展。

---

① 陈中．信息化环境下的大学课堂生态研究 [M]. 长春：吉林大学出版社，2020：66-67.

2. 课堂环境管理

和谐的课堂环境能够显著提高学生的学习积极性和教师的教学效率，课堂环境可以分为物理环境和社会心理环境。

（1）物理环境。物理环境会直接影响学生的学习效率和心理状态，高校教师应采取策略性的措施，确保物理环境能够最大限度地支持教学活动。

①教室座位安排。剧院式、分组式、半圆式和矩形式等座位安排方式各有优势。剧院式适合传统的讲授模式，便于学生集中注意力；分组式能够促进小组讨论和团队合作；半圆式和矩形式更适合于师生互动及开展开放式讨论。教师选择座位安排方式时要考虑教学目的和学习活动的类型，定期调整座位布局以适应不同的教学需求，同时尽量减少由座位引起的视线和注意力干扰。

②教室空间。教室的物理空间大小需要与教学活动的性质相匹配。狭小的教室可能会限制学生活动，造成压抑感；而过大的教室可能导致学生注意力分散。理想的教室空间应允许学生自由移动，同时方便教师进行有效的课堂巡视和互动。教室的设计应考虑到灵活性，以适应不同类型的教学活动，从而提高学生的学习效率和满意度。

③其他影响物理环境的因素。适宜的温度和良好的光照条件对于学生保持注意力和提高学习效率也是十分重要的。过高或过低的温度会影响学生的舒适度和专注力，不当的光照条件（过亮或过暗）也会引起视觉疲劳。噪声控制同样重要，噪声会分散学生的注意力，削弱教学效果。

（2）社会心理环境。课堂的社会心理环境对学生的学习体验和教师的教学效果具有深远影响，这一环境中课堂的气氛和目标结构尤为关键。

①课堂气氛的调控。课堂气氛即在特定教学活动中占主导地位的集体情绪和行为模式，反映了课堂的整体心理氛围，对学生的学习动机、注意力和总体学习体验有着决定性的影响。学生在积极的课堂气氛中，通常表现出高涨的精神状态，注意力集中，积极参与课堂活动。教师可

以通过建立和谐的师生关系、采用具有吸引力的教学方法、实施民主的课堂管理策略、对学生持续给予正面的期望和反馈等优化课堂气氛。教师还要识别和解决导致消极气氛的根本问题，解决方法有调整教学策略、改善师生互动等。

②课堂目标结构的优化。课堂目标结构会影响学生对学习成果的期望和追求方式，它能激发学生的内在动机，影响他们的学习行为和学习成效。在竞争型的课堂目标结构中，学生的成就感来自超越他人。适度的竞争可以激发学生的学习动力，但过度竞争可能引起学生的焦虑和排斥，教师需要恰当地控制竞争的强度，确保它服务于学习目标的达成。合作型结构即学生通过团队合作来实现共同的学习目标，能够提高学生的社交技能、学习的深度和广度。教师应鼓励学生在小组活动中发挥各自的优势，共同解决问题。在个人主义目标结构中，学生的学习成果不依赖于他人的表现，完全基于自己的努力。教师应该为学生设定清晰的个人学习目标，鼓励他们根据自身的进步来评价学习成效。综合运用三种目标结构能够营造一个具备包容性和激励性的学习环境，有效地支持学生的各种学习风格和需求，确保所有学生都能在课堂上获得成功和满足感。

3. 课堂问题行为管理

课堂问题行为的产生往往是教师、学生、环境等多种因素共同作用的结果。从教师角度来看，课堂问题行为往往与教师的教学风格、管理能力以及师生互动方式紧密相关。从学生角度来看，学生的行为可能源于其个人的心理和生理特点。例如，性别差异、生长发育阶段的生理变化等生理特点可能影响学生的行为表现，男生通常比女生更为好动，注意力集中时间短，这可能导致他们在课堂上更易出现多动和注意力不集中的行为。从环境角度来看，家庭环境的稳定性、父母的教养方式、社会媒体的渗透等都会深刻影响学生的行为模式。为了有效预防和管理课堂问题行为，教师、高校和家庭需要共同努力，创造一个支持性和积极性的教育环境。在高校教师课堂管理能力的培养中，针对课堂问题行为的有效管理是关键环节。要实现有效的课堂问题行为管理，教师需要针对问题的不同来源采取措施，既注重行为表层的管理，又关注行为背后的深层动因。具体的管理措施有以下几种。

（1）非语言干预。课堂上，教师可以通过眼神交流、走近学生或轻触学生肩膀等简单动作，对学生的问题行为进行即时、巧妙的干预。非语言干预通常不会打断课堂进程，能有效地纠正学生行为，同时保持教学的连贯性。

（2）积极语言引导。教师应关注如何指导学生改进，而非单纯指出错误。例如，当学生分心时，教师可以温和地提醒："请集中注意力听讲，这对你很重要。"

（3）表扬与惩罚的恰当运用。教师对学生的表扬应当具体、及时，并直接与学生的具体行为相关联，使学生感受到其积极行为的直接结果。适当的惩罚也是必要的，但教师应当谨慎使用，要确保学生明白惩罚的原因并学会如何改正。教师应避免在情绪激动时进行惩罚，以免对学生造成心理伤害。

（4）学生座位的策略性安排。教师可以对学生座位进行策略性安排，如将容易分心的学生安排在前排，可以更好地关注这些学生；将行为表现良好的学生与需要更多关注的学生的座位安排在一起，前者的正面榜样的影响可以促进后者的行为改善。

（5）课堂活动的有效设计。教师应设计能吸引学生参与的课堂活动，帮助学生合理利用课堂时间，从而不仅可以防止问题行为的发生，还可以提高学生的学习动力。课堂活动应该与学习内容紧密相关，确保学生能在参与活动的过程中获得知识和技能的提高。

（6）心理辅导的整合。对于源于心理问题的行为问题，教师应提供必要的心理支持和指导。教师应倾听学生的想法、理解他们的情感状态，帮助学生识别和解决导致问题行为的内在原因，并设置实际可行的行为目标，持续跟踪学生的进展，帮助学生逐步建立自我管理的能力。

二、教育知识管理能力的培养

教育知识管理能力的培养是高校教师教学管理能力发展的关键环节。

（一）高校教师教育知识管理的特点

高校教师教育知识管理的特点主要体现在个体性、转化性、动态性、整合性、实践性等几个方面。

1. 个体性

高校教师作为专业知识的集大成者，学科背景、研究兴趣和教学实践经验组成了其独特的知识体系，其中既包括可通过文本和数据明确记录的显性知识，又包括大量经验技巧、教学感悟等隐性知识。高校教师的知识管理具有明显的个体性特征，原因是这些知识是在长期的职业生涯中逐步积累的，与教师个人的教学实践和经验密切相关。在教育知识管理中，教师需要结合自身特点制定合适的管理策略，还需要对已有的知识进行整合与扩展，以提高个人的教学能力和学术水平。

2. 转化性

高校教师需要不断将抽象的理论知识转化为具体的教学内容和可操作的教育实践方法。转化不仅包括对显性知识的传授，还包括对隐性知识的共享。教学活动将教师个人的隐性知识转化为学生的学习成果，使学生在获取知识的同时学会如何管理和应用这些知识，培养学生自主学习和创新思考的能力。转化的质量会对教学效果产生直接影响，因此教师在设计课程内容时，必须充分考虑学生的知识基础与学习需求，确保理论知识能够通过教学活动实现实践化和通俗化。

在多元化教育背景下，单一学科的知识已难以满足现代社会对学生综合能力的要求。教师需要具备跨学科视野，将其他领域的知识转化为课堂教学的资源，如将社会热点、科技进步等融入教学设计中，不仅能激发学生兴趣，还能培养其思维的广度与深度。

3. 动态性

新时代知识更新迅速，高校教师的教育知识管理能力也应是动态的，即教师需要不断学习新知识、更新知识库，以适应教育理念、学科发展和社会需求等变化。动态性是社会对教师的要求，也是教师个人发展的需要。教师应根据学生的需求和社会发展的新要求，更新教学内容和方法，调整教学策略，确保教学活动的时代感和有效性。动态性要求教师具备开放的学习心态和快速接受新知识的能力，教师应定期对已有的知识储备进行评估，剔除过时或冗余的信息，并补充新的研究成果和教学资源，这样能保证教师的知识体系始终保持先进性，有效增强教学内容的时代感和实用性。

4. 整合性

教学过程本质上是一个知识的整合过程，涉及知识与知识之间、知识与人之间以及知识与教学之间的整合。优秀的教师应能利用现代信息技术手段，将专业知识与教育学、心理学等相关学科知识结合起来，实现教学内容的多维度整合，提高教学的深度和广度。教师还应能够将零散的知识点、研究成果和教学经验整合成系统化的内容和教育知识网络，并应用于教育实践中。

5. 实践性

教育本质上是具有实践性的活动，教师需要通过具体的教学活动、研究实践来验证和应用知识。这要求教师除了拥有理论知识，还应具备将理论知识应用于具体教学情景的能力，以及在实践中发现问题、总结经验并反哺理论研究的能力。教师在课堂教学中需要根据学生的表现和课堂反馈，不断优化教学策略，以保证知识的有效传递。实践性还促使教师关注教学效果，教师可通过问卷调查、课堂观察和学习成果分析等手段评估教学的实际影响，并据此调整教育知识管理的重点方向。通过实践中的不断尝试和反思，教师能够形成具有个人特色的教学方法，不断优化和发展自己的教学策略，提高教学质量。

（二）高校教师教育知识管理能力的培养策略

高校教师教育知识管理能力的培养需要从多层次、多角度出发，教师和高校都应做出努力。

1.教师：提高个人教育知识管理能力

教师是教育知识管理的核心主体，其能力水平直接影响教育知识管理的成效。教师需要从意识、习惯和技能三个方面入手全面提高个人教育知识管理能力。

第一，教师要强化知识管理的主动意识，将其作为日常教学与科研工作的基本要求。教师需要意识到知识的动态性和时效性，注重日常教学中的积累和反思。教师可以通过记录教学日志、整理课堂反馈来不断优化教学方案。教师还要积极关注学术前沿，利用网络资源、学术期刊等途径及时更新自己的知识储备。

第二，教师要培养良好的教育知识管理习惯。教师应养成系统化地分类整理教学资源、定期总结教育经验、将理论知识与实践问题相结合等良好习惯。教师可通过建立个人电子档案、在线数据库等知识管理系统，更高效地存储和检索信息。

第三，教师需要掌握高效的知识应用与创新技能。教师不仅需要具备理论研究的能力，还需要能将研究成果应用于教学实践。教师在日常教学中应有教育意识地应用教育知识管理的策略和技术，以提高教育传递的效率，如在课程中融入信息技术的使用，鼓励学生建立个人学习档案、开展基于问题的学习活动等，从而帮助学生培养独立获取、分析问题和创新的能力。教师与学生之间的知识互动能够进一步提高教师的教育知识管理能力，使教师在教学中能持续学习和成长。教师在教学过程中应重视对实践知识的反思和记录，通过详细记录教学实践、对比分析理论与实践成果、反省教学策略的效果以及系统地分析教学中的特定事件，更好地总结和提炼教学经验。深度反思能够帮助教师不断优化其教学方法、教学效果，并提高在复杂教学环境中的应对能力。

2. 教师和高校：建立教师学习共同体

教师学习共同体是促进教师的教育知识管理能力提高的重要组织形式。对高校教师而言，教师学习共同体的建立可以优化知识的共享和传播，显著提高组织中教师的整体教育能力和创新力。高校教师在日常教育活动中积累了个人的教学经验、处理问题的策略、对学科深度的理解等大量隐性知识。这些隐性知识的有效共享能够大大促进教育创新和知识深化。教师学习共同体为教师提供了交流思想、分享经验、相互启发的平台，能够实现知识的集体积累。教师学习共同体的构建需要基于以下两个原则。第一，共同体应以共同目标为导向，确保成员间的合作具有明确的方向性。无论是针对某一教学问题的研究还是教育资源的共享，共同体的目标应与教师的实际需求紧密结合。第二，共同体成员间的关系应建立在平等互助的基础上，从而使每位教师都能够在共同体中获得支持与激励，积极的互动关系能够有效增强教师的参与感和归属感。

教师学习共同体的形式多样，可以是教师自发组成的小组，如同专业或同研究方向的教师自组的研究小组；也可以是高校组织的正式研究团队，如由教务处或教育研究中心发起的跨学科研究团队。利用现代信息技术（如网络平台）与校内外的同行进行更广泛的交流和合作。为有效推进教师学习共同体的建立，高校应当制定相应的措施，鼓励教师参与。这种连续的、与工作密切相关的协作学习能够激发教师的潜能，显著提高高校教育团队的核心竞争力，为高校带来持续的发展动力。

3. 高校：优化支持环境

高校需要创造和维护一个支持教师教育知识管理能力提高的环境，

促进知识的流动和创新，提高教育的整体质量。

第一，高校应更新教育理念，将教育知识管理能力的培养纳入教师发展规划之中。具体来说，高校可以通过制定相关措施，明确知识管理在教师评价、晋升中的权重，激励教师主动提高自身能力。

第二，高校要为教师提供多样化的学习机会，如举办教育科研讲座、组织教育知识管理专项培训等活动，帮助教师系统地掌握教育知识管理的理论与方法。

第三，为了有效支持教育知识管理，高校需建立一个强大的信息网络体系和知识库，支持教师进行知识获取、整合、分享和创新。高校应充分利用其技术优势，优化网络和数据库的设计，确保知识资源的易于访问和高效利用。高校还应探索利用大数据分析、人工智能和机器学习等数字化技术来提高知识管理的效率，这有助于教师挖掘和转化隐性知识，促进个性化和动态化的学习内容开发，从而提高教育质量和高校与学生对教师的满意度。

第四，高校应当制定有效的激励和评价策略，鼓励教师参与知识的管理和创新活动。高校可以给予在知识共享和教育创新方面有所成就的教师提升职务、增加研究资金、公开表彰等奖励。透明公正的评价体系可以激发教师的积极性，使他们认识到参与教育知识管理活动的长远利益。

三、高校教师情绪管理能力的培养

情绪管理对于高校教师来说是至关重要的，它涉及如何调控自身的情绪状态，以便更好地执行教学任务和维护良好的师生关系。培养情绪管理能力需要教师掌握处理自身的消极情绪、积极地影响学生的方法，创造一种有利于学习的氛围。

在职业生涯中，教师难免会在学术研究、与学生和同事沟通等方面遇到压力，压力往往会导致一系列消极情绪的产生。为了不让这些情绪影响教学质量和学生的学习质量，教师需要建立一套有效的情绪疏导机制。高校教师作为课堂学习氛围的营造者，他们的情绪和行为会直接影响学生的情绪反应和学习动机。高校教师需要成为情绪的积极建设者，不仅要管理自己的情绪，还要通过自身的积极态度来激励学生，营造一个积极、包容和激励的课堂环境，促进学生的全面发展。健康的情绪状态能够帮助教师保持工作热情，增强与学生、同事的沟通效果。积极情绪受外部环境影响，更依赖教师自身的心理调适能力，通过调整认知方式，将挑战视为成长机会，教师可以将工作压力转化为前进的动力。情绪管理需要教师具备持续发展的观念，在长期职业生涯中形成稳定的情绪自控机制。通过积累经验与反思，教师能够管理情绪，更好地面对复杂情景。情绪管理的本质在于找到工作与生活的平衡点，在忙碌中依然能够保持稳定与积极的心理。有效的情绪管理是高校教师实现个人成长的关键，也能够促进教育质量的提高，同时为学生维持心理健康树立良好的榜样。情绪管理能力的培养能够使教师更加从容地应对职业挑战，成为教育事业中充满活力的核心力量。高校教师情绪管理能力的培养需要高校和教师做好以下几方面的工作。

（一）营造良好的心理环境

开放、支持性强的心理环境能够帮助高校教师有效缓解工作中的紧张情绪，促进教师的职业成长，维护教师的心理健康。

1. 学校层面

高校需要建立完善的心理支持体系，增强教师的心理联结感与归属感，为教师提供全面的支持。

第一，改革现有的教师考评制度，确保教师在一个具备公正性和激励性的环境中工作。这意味着高校需要从根本上优化考评制度，确保它能真正反映教师的工作质量和教学成效，而非仅仅依赖传统的量化指标。

考评制度应当能够识别并满足教师的职业发展需求，为他们提供更多展示自己的机会，提高教师的职业满意度和归属感。

第二，提高教师福利。提高教师的经济收入、减轻其在工作和生活中的经济压力等经济方面的激励措施能够有效提升教师的工作动力和生活质量，使他们更专注于教学和科研工作。

第三，加强师资支持和培训。高校应当为教师尤其是新入职教师安排经验丰富的教师作为督导，给予他们在教学和科研项目申报等方面的实际帮助；还应通过定期组织培训和研讨会提高新入职教师的专业能力和教学技巧。

第四，进行心理健康教育和辅导。高校应建立有效的心理健康支持系统，为教师提供定期的心理健康教育和辅导，帮助其正确管理工作和个人生活中的压力。高校可通过开设工作坊、心理讲座等方式传授有效的压力管理技巧，让教师了解如何维护自身的心理健康。

第五，营造健康的工作环境。高校应当致力营造一个开放和支持的工作环境，鼓励教师间的沟通和协作，关注教师的个人及家庭情况，及时提供必要的支持和帮助，提高教师的工作满意度，激发他们的创造力和教学热情。

2. 个人层面

从个人层面来说，高校教师要全面、客观地评价自己，保持平常心，正确认识职业价值，找到职业价值感，这有助于情绪的稳定。教师可以通过构建个人化的心理空间提高情绪适应能力，如通过阅读、写作或其他兴趣活动帮助自己释放压力，找到情感的寄托。良好的心理环境的营造需要教师自身的积极参与，教师可以与同事进行真诚的沟通、分享彼此的情绪体验，通过建立良好的同事关系为情绪管理提供外部支撑。教师要学会把工作和生活分开，平衡两者关系，避免不良情绪的产生。当遇到自己无法解决的问题时，教师应寻求专业心理咨询师的帮助和支持，获得个性化的情绪管理方案。

（二）提高抗挫折能力

高校教师面临的职业挑战和生活压力是多方面的，需要以积极的心态正视挫折，从中汲取经验，提高抗挫折的能力。具体来说，高校教师需要把握好以下几点。

第一，有效管理个人情绪。当遭遇失败或是面对工作与生活中的挑战时，积极调整情绪是必要的。高校教师需要对自身的评价保持客观，对自己的成就与进步持赞赏的态度，遭遇挫折时不应过度自责，应该通过反思和积极的自我对话重塑对失败和挑战的看法，将其视为成长和学习的机会。

第二，建立积极的信念系统。高校教师应当树立一种健康的生活理念和认知结构，通过更新自我信念系统、构建一个支持性的思维框架，更好地应对职业生涯中不可避免的起伏，在遭遇困难时保持乐观的心态。

第三，积极面对挫折。面对挫折时，教师要学会吸取教训、总结经验，并将这些经验转化为个人和专业成长的动力。教师需要培养一种能够积极面对困难的心态，避免陷入绝对化或过分悲观的思维模式。

第四，重视技能提高与情绪反馈。高校教师在提高抗挫折能力的过程中，应不断提高专业技能，促进个人素质的全面发展。高校教师可以通过参加工作坊、研讨会或心理辅导等活动获得必要的支持，学习更多关于情绪调控和压力管理的实用策略。持续的学习和实践有助于教师在遭遇挫折时快速调整心态，保持专业和个人生活的平衡。

（三）学会宣泄和调控情绪

在高校教师的职业生涯中，有效地管理情绪是保证职业效率和个人健康的关键。面对工作中不可避免的压力和挑战时，教师必须学会宣泄和调控自己的情绪，避免负面情绪影响教学和科研工作。

情绪宣泄是指将积压的负面情绪通过合理渠道释放，以达到缓解心理压力的目的。教师可以通过跑步、瑜伽等适度运动的方式，宣泄内心积压的负面情绪。对一些心理压力较大的教师而言，与专业心理咨询师交流是一种有效的情绪疏导方式。情绪调控更注重内在情感的平衡与自我引导。例如，教师在课堂上面临学生的质疑或课堂纪律问题时，能够及时调整自己的情绪状态，避免负面情绪对教学效果产生影响。情绪调控的关键在于学会自我暗示、调整认知等心理技巧，使情绪保持稳定。教师要培养自我意识，准确地识别和分析自己的情绪，了解负面情绪的根源具体来自工作压力、人际关系还是个人期望等方面。自我反思能够帮助教师更好地了解自己的情绪状态和触发点，为后续的情绪管理策略选择提供必要的支持。为了有效地宣泄和调控情绪，教师可以与同事、朋友或家人进行坦诚交流，这样不仅能排解自身的负面情绪，还能通过外部视角获得情绪调控的新见解。

遭遇极端情绪时，教师要学会合理表达自己的感受，通过积极的对话和表达，得到他人的关注和理解，排解极端情绪。教师也可以尝试换位思考，从他人的角度理解情绪的影响，从而更客观地看待自己的情绪状态，对情绪进行管理。

第六章　高校教师专业化发展的学校支持

第一节　高校支持教师专业化发展的意义和原则

高校作为教师成长的重要支持主体，肩负着为教师提供资源与环境的责任，需要在多方面发挥积极作用。明确高校支持教师专业化发展的意义和原则可以有效规范高校的支持行为，优化教师的专业化发展路径，促进教师个体成长与高校教育质量提高的有机统一。

一、高校支持教师专业化发展的重要意义

高校支持教师专业化发展具有多方面的重要意义，以下进行详细分析。

（一）满足高校教师专业化发展的核心需求

高校对教师专业化发展的支持旨在满足教师职业生涯中不断增长的专业化需求，促进教师个人能力和高校教育质量的提高。满足教师专业化发展的需求是高校支持体系的重要任务，高校需要从教师的实际需求出发，构建科学、合理且持续的支持体系。教师专业化发展的需求涵盖

学术能力的提高、教育教学能力的优化、职业道德素养的增强等多个方面，高校需要全面考量教师不同发展阶段的差异性需求，确保支持措施的针对性和有效性，如新入职的教师可能更需要科研方法和教学技巧的基础性培训，资深教师可能在创新教学理念和科研成果推广上需要更多的资源支持。教师需求的多元性要求高校在支持教师专业化发展时提供灵活多样的支持方式，满足不同教师的个性化需求。

专业化发展的本质在于教师通过系统学习与实践不断积累知识和技能，实现这一目标需要高校在学术资源、技术、制度等方面提供充分的资源支持。高校可以通过建立教师发展中心、设立专项培训基金或提供科研经费等手段为教师提供坚实的基础保障，使他们能够专注于自身专业能力的提高。教师的专业化发展并非一蹴而就，而是一个需要不断积累和更新的过程。高校需要通过系统规划，帮助教师明确职业发展路径。例如，通过构建教师发展档案，高校可以跟踪记录教师在不同阶段的发展需求与成果，提供更加精准的支持方案；通过建立学术会议、教学研讨会等定期的交流机制，高校可以为教师提供更多学习和交流的机会，进一步满足教师的专业化需求。

高校在满足教师专业化需求的过程中，还需要关注教师内在的职业成长动力。通过营造积极的校园文化氛围，给予教师更多自主权和决策权，高校能够帮助教师获得职业成长的成就感和归属感，激发教师内在的职业成长动力，这对于教师专业化需求的实现具有重要意义。满足教师专业化发展的核心需求是一项系统性工作，需要高校从多个维度加以关注。通过提供精准化、资源化和持续化的支持措施，高校能够帮助教师实现个体能力的提高，进而推动整个高校教育质量的提高，为社会培养更多高素质人才。

（二）推动教师专业化发展的实践与反思

高校是落实教师发展工作的实践主体，也是高校教师发展策略的制定者和实施者。[①] 推动教师专业化发展的实践与反思是高校履行教育职责的重要环节，也是确保教师队伍持续发展的关键内容。高校需要通过实践行动为教师专业化发展提供支持，通过不断总结经验、改进策略，形成持续优化的支持体系。

从实践方面看，高校需要为教师提供一个促进专业化发展的综合平台，如构建教师发展中心、设置高质量培训项目以及跨学科交流机制等，为教师搭建提高能力、分享经验和获取资源的渠道。实践活动的设计应当充分结合教师的职业需求和教学场景，使其能够将理论学习与实践能力有机结合。例如，在教学实践中，高校可以为教师提供案例教学、实地研讨和教学观摩等形式的实践平台，帮助教师在真实环境中锻炼和提高能力。不同教师在知识储备、教学经验以及职业规划上存在差异，因此，实践活动必须具有针对性。高校需要通过调研和数据分析深入了解教师的实际需求，并根据其职业发展阶段制订相应的支持计划，如对于新入职教师，可以注重基础性教学能力的培养；对于有经验的教师，可以引入教学创新和科研能力提高的专项支持方案。因材施教的实践策略能够提高教师参与支持活动的积极性，显著增强实践活动的实际效果。在推动实践的过程中，高校还需要充分考虑教师的职业负担和时间安排。教师的工作内容通常涉及教学、科研以及行政管理等多个方面，过多的事务性工作可能会分散教师对于专业化发展的关注。高校在实践活动的设计和实施过程中要注重时间管理，通过优化工作流程、合理分配任务以及引入灵活的活动形式来实现，为教师预留足够的学习和发展空间。

高校在推动实践的同时，需要对相关工作进行深度反思。反思应当贯穿支持工作的需求分析、方案设计、实施过程和效果评估等各个环节。高校可以通过定期反馈机制，邀请教师参与讨论并提出建议，全面了解支持工作的优点与不足。通过总结经验借鉴其他高校的成功案例，可以不断改进自身的实践策略，使其更加符合教师的实际需要。反思的另一

① 徐延宇．高校教师发展实践策略研究[M]．昆明：云南大学出版社，2016：97-106.

个重要内容是对教师发展成果的评价。评价是检验支持工作成效的手段，也是发现问题和优化策略的重要途径。高校可以通过设置教师科研成果数量、教学质量提高、职业满意度变化等具体的评价指标，系统性地分析支持工作的成效，为未来的实践活动提供明确的改进方向。

推动教师专业化发展的实践与反思是一个动态过程，需要高校持续投入精力，不断完善支持体系。在这一过程中，高校需要重视实际行动的有效性，还需从反思中提炼经验教训，形成具有自身特色的支持模式。不断实践与反思的循环机制能够有效拓展高校教师专业化发展的深度和广度，为高校教育质量的整体提高提供重要保障。

（三）助力高校与教师的协同发展

助力高校与教师的协同发展是促进教师专业化的重要途径，也是实现高校教育质量全面提升的关键环节。高校在支持教师专业化发展的过程中不仅要关注教师个体能力的成长，还需要通过制度创新、文化建设与资源整合，形成高校与教师之间的良性互动与共生关系，实现共同进步。

高校需要与教师建立明确的共同目标，使教师能够深刻认识到自身职业发展的重要性，以及与高校整体教育目标的一致性。共识的形成离不开校内教育理念的明确引导和沟通机制的不断优化。通过举办定期的研讨会、培训活动和跨部门交流，高校能够有效促进教师对专业化发展目标的理解与认同，为协同发展的深入推进奠定基础。高校需要建立健全促进教师专业化发展的相关制度，从资源配置、绩效评估到发展规划等多个层面为教师提供全方位的保障。制度安排既要体现高校的战略方向，又要充分考虑教师的个体需求。例如，在科研支持方面，高校可以通过设立专项资金、优化科研奖励机制等措施为教师的学术探索提供持续动力；在教学支持方面，高校可以通过创新教学评价体系，突出对教学质量的认可与激励。构建高校与教师互助合作、协同发展的文化环境能够增强教师群体的凝聚力，为协同发展提供文化支撑。

高校可以利用资源的整合与共享来深化两者的协同发展，充分使用校内外资源为教师提供多样化的发展机会，校内可以通过整合学术资源、教学平台提高教师在不同领域的能力；校外则可以通过与其他高校、研究机构和行业组织的合作拓宽教师的视野、增加教师的实践机会。资源的整合与共享能够为教师专业化发展注入更多动力，推动高校整体资源的高效利用，形成互惠共赢的局面。高校与教师在协同发展过程中，应当建立有效的反馈渠道，通过动态调整发展策略确保各项措施能够与时俱进。教师的意见与建议是优化支持工作的宝贵资源，高校应通过多种形式收集教师的反馈并结合实践经验进行深入分析，不断完善支持策略，提高协同发展的质量。助力高校与教师的协同发展是一项复杂而系统的工作，需要多方面共同发力，实现教师专业化发展与自身发展的良性互动，为教育事业的长远发展奠定坚实基础。

二、高校支持教师专业化发展的原则

在推动高校教师专业化发展的过程中，遵循科学合理的原则是确保发展措施有效落实的重要基础。这些原则体现了高校作为支持主体的责任，也为教师提供了适宜成长的环境与条件（图 6–1）。

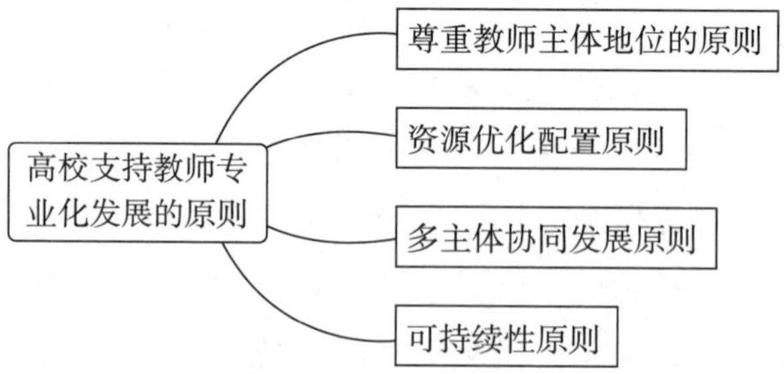

图 6–1　高校支持教师专业化发展的原则

（一）尊重教师主体地位的原则

高校支持教师专业化发展的根本出发点在于以人为本，充分尊重教师作为发展主体的地位。教师是教育实践的实施者，也是教育创新的推动者，他们在教学、科研和管理中的地位决定了其职业发展的独特性。因此，支持教师专业化发展应该以满足教师自身需求为导向，注重发展路径与教师个体需求的匹配。尊重教师主体地位体现在对其职业需求的关注，高校要通过激励与支持的策略充分激发教师的潜力。高校应为教师提供灵活、多样的发展平台，让其根据自身特长和兴趣选择适宜的发展方向。尊重教师主体地位、鼓励教师发挥自主性有助于激发教师内在动力，提高其参与专业化发展的积极性。

（二）资源优化配置原则

高校教师专业化发展需要大量的教学、科研和培训资源支持，优化资源配置原则要求高校对现有资源进行科学整合和合理分配，避免资源浪费或重复建设，满足教师的多样化需求。资源优化主要指教学设施、研究经费等物质资源的分配和校内外专家的指导、跨学科的合作平台等智力资源的共享。高校联合外部研究机构、企业等建立资源共享机制，搭建资源交流平台，能够为教师提供更为广阔的发展空间。优化资源配置既能解决资源利用效率低的问题，又能为教师提供更为丰富的支持体系。

高校教师专业化发展涉及教学能力、科研水平、管理能力、职业认同等多个领域，它们之间相互交织，构成了一个复杂的系统。高校支持教师专业化发展必须从全局出发进行资源优化配置，确保各方面发展需求能够得到有效满足。高校应建立跨部门的协调机制，将人力资源、教学资源和科研资源整合起来，实现资源的高效利用。例如，在教学改革和科研项目中，教师不仅需要充足的物质支持，还需要学术资源和技术支持的配合。高校可以打破部门间的界限，提高资源配置的整体效能，避免因资源分散而导致的效率低下。此外，系统管理还需要关注教师发展的阶段性特点，为其提供动态调整的支持措施，使资源配置更加精准。

（三）多主体协同发展原则

高校支持教师专业化发展应遵循协同发展原则，构建高校、相关管理部门、教育机构、社会等多主体合作机制，形成共同促进教师成长的合力。高校内部要形成良好的合作氛围，注重团队建设，通过学科团队、研究小组或教学共同体的方式，推动教师专业化发展的全面实施；高校要与相关管理部门保持紧密联系，争取政策与资金支持；还要与其他教育机构合作，协同开展教师培训、学术交流和资源共享等活动；社会力量的参与同样不可忽视，企业与高校可以合作开发教育项目，为教师提供更多实践机会，促进其教学与科研能力的提高。

（四）可持续性原则

教师专业化发展是一个长期的、动态的过程，支持措施应具有可持续性，以适应教师职业生涯不同阶段的需求。可持续性原则要求高校在制订支持策略时应为教师设定阶段性目标和长期发展规划，将短期激励与长期支持结合起来，帮助教师在不同阶段都能保持发展的动力与方向。可持续性原则要求高校在资源分配和制度设计中保持稳定性，避免因制度频繁变动而影响教师发展的连续性。例如，在人才引进和培养方面，高校需要制订科学的培养计划，确保所引进的教师能够得到持续支持，实现个人能力与高校发展的双赢。可持续性原则还要体现机制的稳定性，通过明确支持目标、完善评价体系、优化激励机制，使教师在职业发展中始终能够获得充足的动力与支持。持续性能够帮助教师保持专业化发展的积极性与方向感，也为高校教育质量的提高奠定了基础。

第二节　高校支持教师专业化发展的体系建设

高校作为教师专业化发展的重要支持主体，必须承担起推动教师全面发展的核心责任，构建科学、高效的高校支持体系应从制度、管理、组织、资源和文化等多方面入手，形成全方位的支持网络，实现教师发展与高校发展的双赢目标。

一、制度保障支持

制度保障支持包括构建一套科学合理的高效制度，鼓励教师可持续发展的动力机制；制定并实施具有公平性、发展性和激励性的教师评价制度；建立有针对性、有计划、有系统的教师培训机制；等等。[①] 制度保障能够为高校教师专业化发展提供基本依据，为实践活动奠定制度化、规范化的基础，科学合理的制度设计能够有效提高教师在职业发展中的主动性与积极性，为教师专业化发展提供有力支撑。教师在职业发展中会面临多重选择，制度能够为教师提供导向和清晰的行为框架，确保其职业发展与高校的战略目标相契合。科学的教师评价体系、职称晋升标准和专业能力发展计划能够使教师更清晰地认识到职业成长的路径与要求，更加有针对性地提高自身能力。

教育资源的合理分配是教师专业化发展的关键条件，高校可以通过制定明确的制度对资源使用进行有效约束与指导。例如，教师教学科研、学术交流、培训进修等方面的需求需要通过制度化渠道进行表达和满足，这能够减少资源分配的不公平现象、提高资源使用的效率，使每位教师

① 颜佳．制度视角：地方高校青年教师专业化发展的学校支持体系研究 [D]. 桂林：广西师范大学，2011.

在专业化发展中都能获得必要的支持。高校可以通过设立奖励优秀教师的教研成果、资助教师参加国内外学术交流活动等专项激励制度，激励教师在专业化发展中积极参与，让教师感到高校对其个人发展的重视，激发其更大的工作热情与创造力。完善的制度保障还能够在一定程度上缓解教师的职业焦虑感。当前，教师职业面临多元化的挑战，教师的压力也在不断加剧。一套全面而科学的制度体系，能够明确工作要求与规范，减轻教师在职业发展中的不确定性，从而提高教师职业幸福感与成就感。

高校建立制度保障时要注重动态调整。随着社会发展与教育改革的深入，高校教师的专业化发展需求也在不断变化，建立制度保障需要具备一定的灵活性与前瞻性，能够根据实际需求及时调整制度内容。针对不同学科特点制定差异化的教师评价标准或根据社会需求增加某些领域的专业化发展支持等都能够进一步提高制度的适用性与科学性。

二、管理机制支持

管理机制是高校支持教师专业化发展的核心环节，科学有效的管理体系能够协调资源配置、优化管理流程，促进教师在教学与科研中的专业成长，激发教师的主动发展意识，调动教师发展的积极性，实现最大的管理效能。[①]完善的管理机制能够规范教师的职业行为，为其提供发展的空间与动力，最终实现教师与高校共同进步的目标。

高校管理机制具有一定的规范作用，通过合理的管理机制，高校可以明确教师的工作职责与发展目标。管理机制并不是单一的约束，而是通过设定清晰的标准与流程为教师提供稳定的发展路径。例如，对教师进行考核与评价时，管理机制能够将教学、科研、服务等多个维度纳入评价范围，并通过将量化指标与定性分析相结合，全面衡量教师的专业

① 张磊．社会性别视角下的高校教师管理[D]. 兰州：兰州大学，2014.

化发展成果。管理机制能够引导教师在职业发展中找到努力的方向，避免资源浪费与发展目标的偏离。管理机制还具有一定的激励功能，高校通过设计多样化的激励措施，可以有效调动教师的积极性与创造力。科学的管理机制在职称晋升、学术奖励、教学创新支持等方面能够确保制度政策的公平与透明，从而增强教师的职业幸福感，激励他们在专业化发展中投入更多精力与资源，推动整体教学与科研水平的提高。有效的管理机制还能够在资源分配中发挥关键作用。高校的发展资源通常具有稀缺性，通过管理机制进行合理分配是支持教师专业化发展的重要环节。通过制定资源分配的优先级，高校可以确保重点领域与优秀教师获得更多的支持，同时为其他教师提供基础性保障。针对不同发展阶段的教师，高校可以设计分层次的管理机制，从新入职教师的基础培训到中高级教师的科研项目资助，逐步满足教师的多样化需求。

面对不断变化的教育改革需求，管理机制要具备一定的适应性和灵活性，能够进行动态调整。通过定期开展教师需求调研与管理机制评估，高校可以及时发现管理体系中的不足，并通过优化调整来适应新形势。在国际化背景下，高校可以通过管理机制加大对教师海外学术交流的支持力度，帮助教师拓宽国际视野与提高学术竞争力。高校作为教师发展的支持平台，需要利用管理机制搭建起沟通的桥梁，确保教师能够参与管理与决策。通过定期组织教师座谈会、管理咨询委员会等形式收集教师的意见与建议，并将其融入管理决策中。双向互动的机制不仅能够增强教师的归属感与参与感，还能够为管理机制的优化提供可靠的依据。在管理机制的实施过程中，高校要善于运用先进的信息化手段，如通过建立信息化管理平台，实现教师发展相关数据的实时采集与分析，并通过大数据技术优化资源配置与制度设计。教学负担分析、科研成果评价等关键数据的可视化呈现能够提高管理效率，为教师提供精准化的发展建议。

三、组织推动体系支持

科学的组织架构、有效的协作机制和持续的活动开展能够系统性地推动教师职业能力的提高，形成高校与教师共赢的专业化发展格局。完善的组织推动体系是高校管理体系的重要组成部分，也是教师职业发展的动力来源。教师的专业化发展涉及教学、科研、社会服务等多方面内容，高校通过设立不同的职能部门，实现有效的分工合作，确保各方面资源的合理配置，如教学部门侧重教师教学能力的提高；科研管理部门专注于支持教师的学术研究发展；学生工作部门则可以为教师的育人工作提供资源与服务支持。分工明确的组织模式能够使教师在不同领域都获得针对性的支持。校内外资源的整合共享也需要组织发挥推动作用，通过搭建跨部门合作的平台，实现教学资源、科研资源、学术资源的高效流通，促进教师专业能力的提高，推动高校整体教学和科研水平的提高。

在组织推动中，教师发展中心作为重要的载体发挥了不可替代的作用。教师发展中心能够通过系统化的培训、指导与资源配置，帮助教师明确职业发展方向并提高教师的能力与水平。教师发展中心通过定期组织教学技能培训、科研方法研讨、高水平学术报告等活动，为教师提供持续学习的机会。教师发展中心还能够通过个性化的职业咨询与指导帮助教师根据个人需求与特长制订发展规划，个性化与普遍性相结合的模式为教师的发展提供了坚实的组织支持。

教师的专业化发展离不开群体的力量，通过构建教师学习共同体，高校能够为教师提供良好的互动与合作平台。教师通过共同参与教学研究、联合申报科研项目，在合作中相互学习、共同成长，能够提高专业能力，增强归属感与集体荣誉感，为高校营造和谐的教学与科研氛围。教育环境的变化要求高校组织体系不断调整与完善，通过引入信息技术手段实现组织推动的高效化与智能化；通过在线培训平台、数字化资源库等技术手段的应用为教师提供便利的资源获取方式、提高组织推动的效率。

四、资源投入支持

资源投入支持是高校教师专业化发展的重要保障，充足的资源能为高校教师的教学与科研活动提供支持，提高教师的职业满意度与归属感，更好地激发教师的专业化发展动力。

高校在资源投入中，应注重硬件与软件资源的均衡发展。完善的教学设施、先进的科研仪器、良好的办公条件等硬件资源能够直接影响教师的教学与科研效率；软件资源同样不可忽视，高质量的学术资源、信息化支持系统、管理服务的优化等能够为教师专业能力的提高奠定基础。人力资源的配置在资源投入中具有特殊意义，高校进行合理的岗位设置、吸引高素质人才，为教师专业化发展提供多维度的人力支持。高校可以引进高水平学术带头人，为青年教师提供良好的指导与学习榜样；通过学术团队建设与跨学科合作促进教师间的协同创新，提升教师的学术水平和推动整体教师队伍的均衡发展。

高校的资源投入要充分考虑教师的个体需求与发展目标，对于新入职教师，提供启动经费与专项支持可以帮助他们快速融入教学与科研工作；对于有突出贡献的教师，设立专项奖励或提供额外资源支持可以增强其继续探索的动力。差异化的资源分配模式可以使高校更加精准地助力教师的职业成长。资源投入还要注重长期的效益，特别在资源使用的规划和管理方面，要制订长期建设计划以确保资源投入的可持续性，建立资源使用的评估与反馈机制以提高资源利用效率。高校还要通过校企合作、社会捐赠等方式拓宽资源投入的渠道。通过内外联动的方式，高校能够缓解资金压力，为教师专业化发展引入多样化的资源支持。高校还可以通过资源投入优化教师的福利待遇，通过改善教师住房条件、提供医疗服务支持等为教师营造更为稳定的工作与生活环境，增强教师的职业认同感，使其在教学与科研工作中投入更多精力。

五、文化引导支持

文化作为一种无形的力量，能对教师的价值观念、行为习惯和职业态度产生潜移默化的影响，还直接营造高校的整体教学氛围与学术生态，为教师专业化发展提供精神支持与文化滋养。高校营造的文化氛围对教师有潜移默化的作用，合作、互助、信任的文化氛围还有利于教师之间的交流与合作。① 高校校园文化应该体现学术追求、教育情怀、持续创新等价值观，高校应努力营造尊重知识、崇尚学术的文化氛围，促进教师专业化发展主动意识的形成，激励其在教学与科研工作中不断进取、追求卓越。高校可以多举办高水平学术论坛、优秀教师事迹分享会等活动，将教师专业化发展的理念融入校园文化的各个层面。校内宣传平台、教师发展中心等机构可以通过案例展示与榜样宣传，进一步强化教师对专业化发展的认同感，促进他们主动参与到专业化发展实践中。具体来说，高校需要从以下几个方面入手。

（一）构建以协作与共享为核心的团队文化

高校需要在教师团队中倡导协同合作的文化理念，以促进知识与经验的交流。采用组建跨学科的教学团队、设立学术创新联盟等形式，高校可以促进教师在交流与合作中实现共同成长。协作文化能够有效打破学科与部门之间的壁垒，为教师提供更多合作与学习的机会。高校还要营造一种积极的共享文化氛围，利用校内资源共享机制，使教师更便捷地获取学术资源、实验设备以及教育成果。共享是一种资源利用方式，也是一种文化理念，它强调开放、共赢与互助。通过文化的影响，高校可以将共享转化为教师的一种行为习惯，形成长期的合作网络。

---

① 唐俊莉．高校教师发展的学校支持研究[D]．大庆：东北石油大学，2017.

（二）倡导以创新与发展为导向的学术文化

创新是高校教师专业化发展的核心动力，学术文化的创新性直接关系教师的发展深度与广度。高校采用多种方式营造浓厚的学术创新文化氛围，能够激励教师在教学与科研工作中追求原创性与突破性。如支持教师参与国际学术交流、申请跨学科研究项目、开展教学改革实验等措施能够激发教师的创新活力，为其提供开阔视野的机会。高校还可以通过设立创新奖励机制，对学术研究与教育改革中表现突出的教师给予精神与物质上的鼓励，引导教师积极探索，为高校整体学术水平的提高提供支撑。

（三）强化教师职业道德与社会责任感的文化熏陶

高校教师除了承担着教学与科研任务，还肩负着育人育才的使命。在文化建设中，高校需要利用多种形式引导教师树立崇高的职业道德与强烈的社会责任感。高校可以通过举办师德教育活动、社会公益实践等方式将社会责任感融入教师的日常工作与生活中。教师参与这些活动能够深刻体会教育对社会发展的重要意义，进一步增强自身的职业荣誉感与使命感，这既有助于教师在工作中以学生为中心，追求更高的教学质量与教育效果，又能为教师专业化发展提供更加持久的动力。

第三节　高校支持教师专业化发展的具体策略

随着教育环境的复杂化以及社会对高质量教育需求的不断提高，高校需要优化管理模式、完善支持体系、促进协同合作，从而为教师的专业成长创造良好的条件，激发教师的职业热情和创新能力，推动教育改革与教学实践的深入发展。高校应主动担负起支持教师发展的责任，提供多元化的策略和有效的资源整合，形成一套全面、系统且可持续的教师专业化发展支持机制，帮助教师克服职业发展中的瓶颈，实现教育目标与教师成长的共同发展，具体策略如图 6-2 所示。

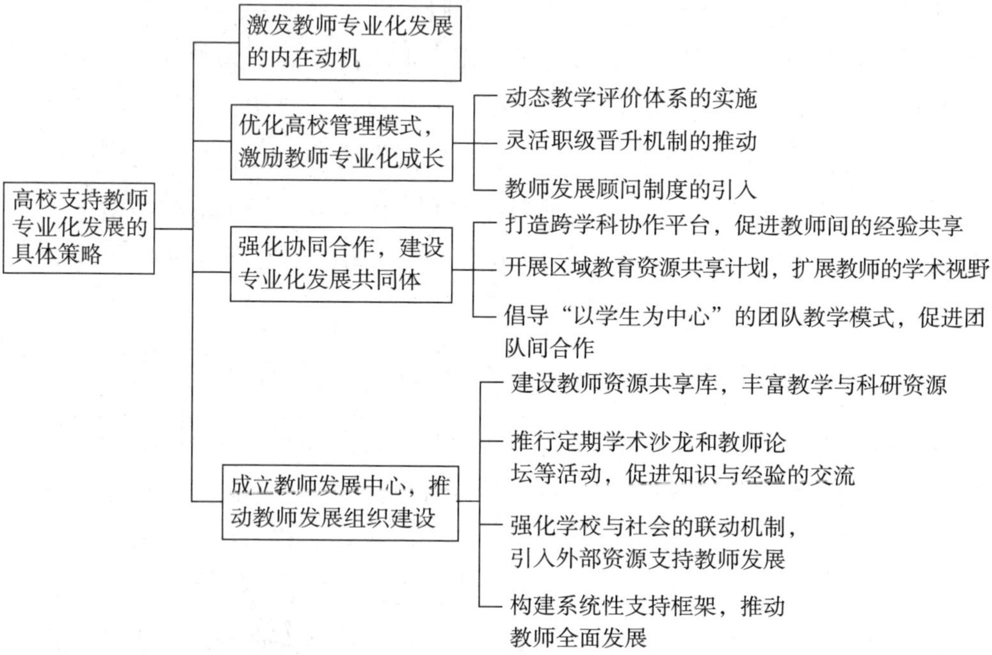

图 6-2　高校支持教师专业化发展的具体策略

一、激发教师专业化发展的内在动机

内在动机是指人们出于个人兴趣和爱好而参与某种活动，并认为这种参与和结果是有价值的。[①] 在高校教师专业化发展的过程中，内在动机是一种重要且持久的驱动力。高校要结合教师的职业特点和发展需求，从多个方面进行系统设计，构建适宜教师专业化发展的成长环境，激发

① 李玉萍．高校教师信息化教学能力发展研究［M］. 合肥：中国科学技术大学出版社，2021：171-172.

教师专业化发展的内在动机。

高校应当提供开放式的学习资源、设置弹性化的学习安排以及构建个性化的学习路径，鼓励教师在教学与研究领域展开自主探索。高校可以为教师提供在线课程、自主研究基金、专业成长的独立空间等，使教师根据自身兴趣选择专业领域和学术方向，激发教师对学习的热情，帮助他们在职业发展的过程中找到更多成就感。在自主学习的过程中，通过独立解决问题、探索新知识，教师能够感到自己的价值，获得职业满足感并形成强大的驱动力，促使教师积极追求更高的专业化目标。高校还要建立多层次、多维度的激励机制，为教师提供更加多样化的支持。高校的做法要体现对教师学术成就、教学成果以及社会贡献的精神层面的认可，如对于学术研究中取得重要突破的教师，可以通过颁发荣誉证书、设立优秀教师榜单等方式提高其职业荣誉感；对于教学方面表现突出的教师，可以通过学生反馈调查、同行评估等手段给予公开表彰。针对不同发展阶段的教师，高校要采取个性化激励机制，对于新入职的教师，要提供更多的学术支持和成长平台；对于资深教师，可以给予更大的项目自主权和学术话语权，以满足不同教师群体的实际需求，促使他们在工作中不断挖掘自身潜力。

高校要积极支持教师参与教育改革项目，让他们在实践中感到自身对学生成长和高校发展的重要作用。要鼓励教师参与新课程设计、教育模式的创新、教学方法的改进等教育改革项目，使其在教育改革的过程中深入了解教育发展的趋势，感到肩负的教育责任。

二、优化高校管理模式，激励教师专业化成长

科学合理的管理措施能够提高教师的职业认同感，激发他们的内在潜力，为其专业化发展创造有利条件。具体而言，优化管理模式可以从动态教学评价体系的实施、灵活职级晋升机制的推动、教师发展顾问制

度的引入等多个方面展开。

（一）动态教学评价体系的实施

传统的教学评价方式往往侧重于单一的评分标准，容易忽视教师在教学过程中的多样性和创新性，而动态评价则能够综合考量教师的教学成效与改进潜力。动态教学评价体系通过对教学质量进行全面监测，为教师提供改进教学的依据。在实际操作中，动态教学评价体系主要包括学生反馈、同行评议等多种形式。从学生反馈方面看，高校可以设置定期的教学满意度调查，收集学生对课程设计、教学方式以及教师态度等方面的意见；同行评议可以通过教学观摩和学术交流等方式展开，借助其他教师的专业视角帮助教师发现自身教学中的优势与不足。

动态教学评价体系反馈具有针对性，有助于教师持续改进教学方法，更好地满足学生需求，其透明性与公平性也能提高教师的职业信任感与满意度，为其专业化发展奠定基础。

（二）灵活职级晋升机制的推动

职级晋升是教师职业发展中的重要环节，也是激发其成长动力的有效途径。传统的职级晋升机制往往较为固定，难以兼顾不同教师的个性化需求，灵活的晋升机制则能够为教师提供更多的成长空间，使其在职业发展中感到更多的可能性与挑战。

高校需要设置多样化的晋升通道：对教学领域表现突出的教师设立专门的教学类晋升路径，通过奖励教学成果、提升职级待遇等方式激励其继续深耕教学实践；对科研领域表现卓越的教师，则可设置科研类晋升路径，为其提供更多的科研资源和学术支持。灵活的职级晋升机制要注重晋升标准的透明性和公开性，尽量避免教师因资源分配不公而产生职业倦怠。公平合理的竞争既能够激发教师的创新动力，又能够吸引更多优秀人才，还能在一定程度上提高整体教育水平与学术影响力。

（三）教师发展顾问制度的引入

教师发展顾问可以担任教师与高校管理者之间的桥梁，将教师的需求与建议及时反馈给高校。教师发展顾问通常由经验丰富的资深教师或专业咨询师担任，能够根据教师的兴趣、专长以及发展目标制订个性化的成长计划。教师发展顾问制度可以采取定期的个别指导与小组研讨相结合的方式，个别指导能够针对教师在教学与科研中的具体问题，提供专业的建议与技术支持；小组研讨则可以借助集体智慧，帮助教师拓宽视野、激发灵感。教师发展顾问制度的实施能够提高教师在职业发展中的自主性与规划性，通过情感支持与专业引导帮助教师更好地应对职业挑战。长期来看，教师发展顾问制度能够有效提高高校教师队伍的整体素质与竞争力，为高校发展注入更多活力。

三、强化协同合作，建设专业化发展共同体

专业化发展共同体能够有效促进教师间的经验共享、能力提高以及价值观整合。协同合作有助于解决教育实践中的实际问题，为教师的职业发展提供持续的动力支持。

（一）打造跨学科协作平台，促进教师间的经验共享

跨学科协作平台的建设为教师提供了有效的交流与合作空间，不同领域的教师能够在共同的问题上交换见解，并形成协同解决方案。跨学科协作扩展了教师的学术视野，推动了创新性教学与科研的发展。跨学科协作平台建设需要注重资源整合与技术支持，为教师提供便捷、开放的环境。在实际操作中，高校可以依托数字化技术构建跨学科的在线社区，设置专题讨论区、案例分享区和资源共享区等。跨学科协作平台应该具备便捷的互动功能，教师可以实时参与跨学科讨论，实现多维度知识共享。高校可以组织教师围绕某一具体议题展开从课程设计、教材编

写到科研的合作，为教师提供多层次的实践机会。通过跨学科协作平台，教师能够打破学科界限，从其他领域汲取灵感与经验，提高专业技能，增强对学术前沿问题的感知与应对能力。

（二）开展区域教育资源共享计划，扩展教师的学术视野

区域教育资源共享计划的实施旨在将高校的教育资源从单一的封闭范围扩展至更广阔的区域范围。通过教育资源共享，教师能够获取其他高校的优质课程、科研项目及教学方法，为自身专业化发展提供新的动力。高校可以联合区域内其他教育机构共建开放的教育资源库，将优秀的教学内容、研究成果和教学工具整合在一起，使教师能够随时调取使用，促进教师知识结构的丰富，在区域范围内形成协同创新的教育生态。

基于云计算和大数据技术的资源管理系统能够实现资源的分类与优化，帮助教师快速找到所需的资源。资源共享计划应优先考虑教师的使用体验，如设置清晰的导航系统与智能推荐功能，以确保资源的高效利用。高校还可以通过定期举办区域教育资源交流活动，为教师提供面对面的互动机会，加深教师对资源的理解，提高教师对资源的运用能力。

共享计划需要解决教师在资源使用中的知识产权保护、资源更新、应用反馈等问题，满足其实际需求，通过区域资源共享扩展了教师的学术视野，也为高校教育质量的整体提升注入了新鲜动力。共享计划可以与区域政府的教育政策相结合，形成“政府引导、高校参与”的协作机制，确保资源共享计划的可持续发展。

（三）倡导“以学生为中心”的团队教学模式，促进团队间合作

“以学生为中心”的理念要求教师从学生需求出发进行教学设计与实施，团队教学模式正好能够满足这一理念。在数字化背景下，团队教学的形式更加多样化，教师可通过协作优化课程内容、教学方法、评估机制等多种形式进行合作。高校可以通过设立跨学科的教学团队，使成员分工明确，合作完成教学任务：有的教师负责课程整体设计，有的教师

负责数字化教学资源开发，其他教师则负责课堂管理与课后辅导，有效利用各类教师的优势与特长。团队教学的核心在于建立高效的沟通机制。教师间的交流可通过定期会议或在线协作平台进行，明确各自的角色与责任，同时确保团队整体目标的达成。团队教学还要求高校提供配套的制度支持，例如时间管理、工作量分配以及团队绩效评价机制，使教师在团队中能够感受到合作的价值，也能获得成就感与职业满足感。

团队教学模式对于学生学习效果的增强具有重要意义。团队教学可以使学生体验到更加丰富与多样的学习资源，从而更加主动地参与学习。此外，这种模式还能够有效培养学生的团队合作精神与综合素质，为学生未来的学习与职业发展奠定基础。

四、成立教师发展中心，推动教师发展组织建设

高效的支持系统能够为教师提供丰富的教学和科研资源，学术交流和社会联动可以进一步促进教师的职业成长与学术进步。以下从三个方面展开论述。

（一）建设教师资源共享库，丰富教学与科研资源

建设资源共享库可以使教师方便快捷地获取多种形式的教学材料、课程案例、学术文献和研究工具，从而节省时间和精力，得到更多的学术参考和实践指导。共享库的构建需要高校明确资源分类和设计。教学资源主要包括课程大纲、案例分析、教学课件以及实验指导书；科研资源主要包括文献综述、研究报告以及实验数据集。高校对资源共享库的分类设计有助于教师根据自身需求快速找到所需资源，更好地规划教学和科研工作。

高校可以通过专门团队定期对资源库进行审查和更新，以确保资源的准确性与时效性；还可以鼓励教师参与资源上传与共享，进一步丰富资源库的内容。教师可以将自身的优秀课件、教学案例以及研究成果上

传到共享库中与其他教师进行交流和学习，双向互动能够提高资源库的价值，增强教师之间的协作意识。通过资源共享库的建设，教师能够获得更多的教学启发和科研支持，在专业化发展中占据主动地位。此外，共享机制还能促进高校内部的学术文化建设，为教师之间的合作与交流创造更多可能性。

（二）推行定期学术沙龙和教师论坛等活动，促进知识与经验的交流

高校定期举办学术沙龙、教师论坛等活动，能够使教师在轻松的氛围中分享教学经验、探讨学术前沿问题、共同解决教学与科研中的实际问题。互动交流的模式能够激发教师的学术兴趣，提高其学术表达与沟通能力。

学术沙龙和教师论坛的主题可以根据当前的教学与科研热点进行设定。教学沙龙可以围绕如何改进课堂教学方法展开讨论，学术论坛则可以聚焦于某一领域的研究前沿问题。活动设计的主题一定要鲜明、内容要具体，以便更好地吸引教师参与，增强活动的实际效果。学术沙龙和教师论坛可以邀请校外专家和学者参与，为高校教师提供更多元的学术视角。高校可以邀请其他高校的优秀教师、知名学者以及教育行业的专家，在沙龙或论坛中分享其教学与科研经验，促进跨地域的学术交流，拓宽教师的学术视野，为其提供更多的合作机会。

定期举办学术沙龙和教师论坛除了能够增强教师之间的学术交流，还能够营造一种积极向上的学术文化氛围，促使教师更加积极地投身教学与科研工作，实现更高水平的专业化发展。

（三）强化高校与社会的联动机制，引入外部资源支持教师发展

高校与社会的联动机制是教师发展支持系统的重要组成部分，通过这种机制，高校能够将自身的教学与科研资源与社会需求紧密结合，为

教师提供更多的实践机会与学术支持，与企业合作，参与技术研发与应用推广；与公益组织合作，开展教育扶贫与社会服务。多元化的合作形式能够为教师提供更加丰富的职业发展路径。

高校在具体实施中，可以通过建立合作项目的方式，引入外部资源支持教师发展，如设立校企合作项目，邀请企业专家与教师共同开发实践课程；设立教育研究专项，邀请教育部门与高校共同解决区域教育中的难题；设立社会服务项目，组织教师参与社区教育与志愿服务活动。这些方式能够为教师提供实际的锻炼机会，增强其社会责任感与职业使命感。高校与社会的联动机制能够为教师提供更多的资源支持与实践机会，既为教师的专业化发展创造更加广阔的空间，又能增强高校在社会中的影响力、赢得更多的社会支持与资源投入。

（四）构建系统性支持框架，推动教师全面发展

完善教师发展支持系统需要高校在资源建设、学术交流与社会联动三个层面构建系统性的支持框架。支持框架需要注重资源的供给与分配，还需要通过交流与合作提高资源的利用效率与教师的专业化水平。高校还需要将教师发展支持系统的建设与自身的战略目标与发展规划相结合，确保支持系统的长期性与可持续性。通过完善教师发展支持系统，高校能够为教师的专业化发展提供更加全面的支持与保障，使教师更好地实现职业发展目标，为高校教育质量的提高与社会发展做出更大的贡献。

第七章　数字化趋势下高校教师专业化发展的优化路径

第一节　高校强化数字化建设

数字化发展改变了教学与科研的传统模式，对高校的管理、服务和文化建设提出了全新要求。强化数字化建设是推动教育现代化的重要路径，也是提高高校核心竞争力的重要举措。高校要应对新时代发展背景下的新要求，就需要从多个维度展开深入探索，为师生提供更加高效、便捷、智能的教育环境。

一、完善数字化基础设施

数字化趋势下，高校数字化基础设施的完善对于教师的专业化发展至关重要，它需要针对硬件设备进行全面提高，还应关注系统与平台的整合优化，以及网络环境的稳定与安全。完善数字化基础设施的重点有以下几个方面。

（一）高校网络环境的建设与优化

对于高校来说，高质量的网络覆盖是教师顺利开展教学与研究工作的前提。高校需要通过扩展带宽、优化路由器布局等手段实现教学楼、实验室以及教师生活区的全覆盖，并减少高峰期的网络延迟现象，为在线教学、实时会议及科研数据传输提供技术保障。

当前网络安全威胁愈发复杂，高校需要采用先进的防火墙技术以及实时的威胁检测系统，确保数据传输的安全性。通过数据加密与权限分级管理，有效保护教师的学术数据与隐私信息，为教师创造更加可信赖的数字化工作环境，提高教师的职业归属感，为其专业化发展奠定了技术支持的基础。

（二）多媒体设备的智能化转型

随着数字化的发展，传统的教学工具已经难以满足新时期教师专业化发展的需求。电子白板、虚拟现实设备等多媒体设施正逐步进入高校课堂，为教师提供更为多样的教学工具和方法。例如，通过虚拟现实技术，教师可以将学生带入虚拟实验室，模拟复杂的化学反应或生物结构，提高课堂的互动性和学生的参与度。为了确保设备的高效使用，高校应提供相应的培训支持，可以通过定期开展多媒体教学设备的技能培训，让教师熟练掌握新工具的使用方法。高校还要组建专业的设备维护团队，定期检测与升级硬件设施，确保教学活动的顺利进行。多媒体设备的更新和维护提高了教师的教学效率，也显著改善了学生的学习体验。物联网技术的引入能够使设备的管理更加高效，教学设备之间的互联互通也为跨学科教学和团队协作提供了技术支持。

（三）区域协作平台的构建与资源共享

区域协作能够突破单一高校局限，实现资源的最大化利用。例如，在数字化基础设施建设中，建立区域教育资源共享平台能够缓解高校资源不足的压力，为教师的教学与科研提供更多的支持。通过区域协作平台的整合，不同高校的教师可以共享图书馆资源、实验室设备以及教学案例库等，进一步提高教学质量和科研能力。高校可以通过区域性的科研合作项目，组织教师参与前沿课题研究，使教师接触到更多的研究方法与工具，拓宽专业视野。平台还要通过引入企业和政府资源，为教师的研究提供资金支持以及实际应用场景，使得科研成果能够更好地服务于社会。

（四）智慧校园的系统性建设

智慧校园是数字化基础设施的高级形态，其核心在于通过物联网技术实现校园各个系统的互联互通，提高管理效率，为教师提供更加便捷的工作环境。例如，智能教室可以通过传感器自动调节光线和温度，为师生创造更为舒适的教学环境。智慧校园的建设需要高校在硬件设施、软件系统和用户体验之间找到平衡，通过整合教学管理系统、科研支持平台和行政服务平台，为教师提供统一的数字化服务入口，提高其工作效率。

二、建立在线教育资源平台

在线教育资源平台的建设是高校数字化建设中的重要环节，也是推动高校教师专业化发展的有力工具。通过提供多样化、高质量的资源支持，在线教育资源平台能够全面提高教师教学效率、优化学生学习体验，并为教师的专业化发展提供持续动力。构建科学的资源架构保障资源内容的多样性、优化在线教育资源平台的管理是关键的三个方向。

（一）构建科学的资源架构

资源架构的科学构建涉及资源分类的合理性、在线教育资源平台的使用体验与可扩展性。资源架构需要高校依据不同学科的特点、教学目标以及学习者需求进行层级化设计，为教师提供清晰明了的导航指引。通过标准化的元数据描述，在线教育资源平台可以实现资源的快速检索与智能化推荐，提高教师获取资源的效率，促进资源的精准应用。在线教育资源平台可以基于教师的浏览记录与教学计划，推荐相关的教学案例、科研文献或多媒体资源等，为教师的教学设计与科研提供有力支持。

为进一步提高资源架构的灵活性与适应性，高校应在在线教育资源平台中加入动态调整机制，通过用户反馈与数据分析，及时更新与优化资源分类方式与内容布局，确保在线教育资源平台始终符合教师的实际需求。

（二）保障资源内容的多样性

在线教育资源平台的建设成效在很大程度上取决于资源内容的丰富性与权威性，主要包括传统的教学大纲与课件、创新性的教学工具、多样化的案例资源、前沿的学术研究成果等。多样化的资源体系为教师在不同教学场景下的选择提供了可能。为了保障资源的质量，高校需要建立严格的资源审核机制，引入高校内部专家团队对在线教育资源平台资源进行内容审核与质量把控，能够确保在线教育资源平台资源的科学性与实用性。高校还需要与国内外知名高校、科研机构建立合作机制，共享优质教育资源，进一步提高在线教育资源平台的影响力与吸引力。通过提供多语言支持与跨学科资源，在线教育资源平台可以满足本校教师的需求，还能够为国际化的学术交流与合作提供便利。高校需要积极引入开放教育资源，如慕课、在线实验平台等，为教师拓展教学方法与科研方向提供更多选择。

（三）优化在线教育资源平台的管理

在线教育资源平台的使用体验会直接影响其推广效果与使用频率，因此在建设过程中，用户友好性与功能完备性是不可忽视的核心要素。在线教育资源平台的界面设计应简洁明了，避免复杂的操作流程，为教师提供流畅的使用体验；同时通过移动端应用与多终端兼容，进一步扩展在线教育资源平台的使用场景，提高便捷性。通过对资源使用频率、用户偏好与访问时长等数据的分析，在线教育资源平台可以准确把握教师的需求变化，并据此调整资源内容与功能设置。基于数据驱动的动态优化能够提高在线教育资源平台的服务水平，增强教师对在线教育资源平台的依赖性，为在线教育资源平台的使用管理提供有力支持。

高校需要成立专门的管理部门，负责资源的更新与维护、用户问题的处理、平台功能的开发与优化。高校要定期开展教师培训与使用反馈收集，提高教师对在线教育资源平台的使用能力与满意度，为在线教育资源平台的良性运行提供保障。

二、提高教师数字素养

数字素养是教师适应现代教育技术的基本要求，也是提高教学质量、推动教育创新的核心能力。在新时代数字化趋势的推动下，高校教师需要具备熟练运用数字工具的能力和数字资源管理能力，更有效地开展教学、科研与管理工作。教师的数字素养直接关系到数字化教育目标的实现以及学生的学习效果，探索提高教师数字素养的具体路径对于推动高校教育现代化建设具有深远的意义。

从教学设计到教育科研，从课堂实践到教学反思，数字素养贯穿于教师专业化发展的每个环节。针对这一现实需求，高校需要从多个层面设计科学系统的提升路径，实现教师数字素养的全面提高。

（一）构建完善的教师数字素养培养体系

构建完善的教师数字素养培养体系是提高高校教师专业能力的基础环节，也是推动教师适应数字化教育环境的重要策略。科学高效的教师数字素养培养体系需要从策略规划到执行细则实现全方位覆盖，确保每一位教师能够系统性地掌握必要的数字技能，并将这些技能运用到教学和科研中。高校需要根据学科特点和数字化技术的应用范围，设计分层分类的数字素养课程，为不同发展阶段和学术背景的教师提供精准支持。对于新入职教师，高校可重点培养其基本的数字工具操作能力；而对于资深教师，高校可关注其在学术领域的高阶数字化应用能力，如数据挖掘、人工智能辅助教学等。在执行层面，高校应搭建跨部门合作平台，联合教务处、信息技术中心和相关院系，共同推进数字素养培养的课程开发和资源共享。培养体系还需关注教师的实际需求，通过定期调研与反馈调整课程内容，以保证培训内容的实用性和前瞻性。

教师数字素养培养体系的实施效果不仅取决于课程内容的科学性，还依赖于教学形式的创新。线上与线下结合的混合培训模式可以提高学习的灵活性，而案例教学、互动研讨等方式能增强教师在真实教学场景中的实践能力。通过多维度的培养体系，高校能够全面提高教师的数字素养水平，为教学质量的提高提供重要支撑。

（二）开展系统化的数字技能培训项目

系统化的数字技能培训项目是实现教师数字素养提高的重要途径，其核心在于明确培训目标、优化培训内容、创新培训方式，并通过长效机制确保培训效果的持续性。系统化的培训项目除了能够传授技能，还能够推动教师综合能力的提高，使其能够从容应对数字化教育带来的挑战。

培训目标应以全面提高教师的数字技能为核心，涵盖教学设计、课堂管理、科研工具应用等多个领域。高校在设计培训内容时需要结合学科特点和数字化技术发展趋势，为教师提供从基础到高级的技能培训。基础培训可包括数字工具的基本操作、在线教学平台的使用等；高级培训则涉及数据分析、虚拟现实辅助教学、人工智能在教育中的应用等前沿主题。培训方式需要注重灵活性与互动性相结合，如针对时间紧张的教师群体，高校可开设在线课程，并将其分解为短时模块，以便教师利用碎片化时间学习。培训项目需要通过案例分享和实际操作环节增强教师的实践能力，如通过模拟课堂情景，让教师体验如何利用数字化技术解决教学中的具体问题，进一步提高其解决实际问题的能力。

高校要通过问卷调查、教学成果展示等方式对培训效果开展定期评估，并根据反馈不断优化课程内容和培训方式；还要建立颁发数字技能证书、设置专项奖励等一系列激励机制，进一步提高教师参与培训的积极性。通过开展系统化的数字技能培训项目，高校能够帮助教师掌握必要的数字技能，促进教师群体整体素质的提高，为教育质量的提高提供强有力的支持。

（三）打造教师数字素养交流与合作平台

教师数字素养的提高不仅需要教师个人的努力，还需要借助集体智慧和资源的共享。高校通过打造交流与合作平台，能够为教师提供互相学习、经验交流和协同创新的机会，对于构建教师数字素养提高的生态体系具有重要意义。

数字素养交流与合作平台应以跨学科、跨区域的合作为基础，为教师提供线上线下结合的互动空间。线上平台可依托高校现有的数字化资源和技术支持，搭建涵盖课程共享、教学案例库、数字工具使用指南等内容的综合性网站。通过论坛、在线研讨会等形式，教师可以分享各自的经验、探讨教学和科研中数字化技术的应用问题，实现知识的共同增长。线下的交流与合作活动则可通过举办学术沙龙、教学创新大赛等形式展开。高校在学术沙龙上可以邀请行业专家和技术开发者，与教师共同探讨数字化教育的发展方向；教学创新大赛则能够激发教师群体的创造力，为教育技术应用提供更多优秀案例。

数字素养交流与合作平台的建设需要高校注重资源整合和模式创新，高校应积极引入社会力量，与企业、学术机构合作，扩大平台的资源覆盖范围，如通过与教育技术公司合作，为教师提供最新的技术支持和工具资源；通过与学术机构合作，组织更多高水平的学术活动。高校还需要建立长效机制以保障平台的运作，通过定期更新内容和开展主题活动，确保其具有持续的生命力和吸引力。

（四）鼓励教师在实践中提高数字素养

高校要通过营造积极的实践氛围和提供多样化的实践机会，鼓励教师在教学和科研中主动应用数字化技术，逐步提高其数字素养水平。实践机会的设计应注重多元化和情景化。教师可以通过参与在线课程设计、虚拟实验室建设、数据驱动教学研究等实际项目，将所学的数字技能转化为教学与科研成果。项目式学习能够加深教师对数字化技术的理解，培养其创新思维和解决问题的能力。高校还应鼓励教师在教学中大胆尝试新技术的应用，如利用学习分析技术了解学生的学习进度和问题所在，或利用虚拟现实技术增强课程的趣味性和交互性。对于教师在实践中遇到的技术难题，高校应提供及时的技术支持，确保教师的实践活动能够顺利开展。

通过实践提高数字素养这一方式能够帮助教师更好地适应数字化教育环境，为教育技术的改进和创新提供反馈。教师在实践中总结出的经验和发现的问题能够为高校优化数字化建设提供重要参考，也能够为其他教师提供有价值的借鉴。通过不断实践与反思，教师的数字素养水平将得到持续提高，教学和科研能力也将得到进一步强化。

（五）提供数字化技术支持与服务保障

高校可以通过建设完善的技术支持体系，为教师提供技术培训、工具使用指导、技术问题解决等全方位的服务，确保教师在数字化技术的应用过程中没有后顾之忧。

高校的技术支持体系应涵盖基础设施的维护与更新、教学工具的选择与优化、数字化技术使用的个性化指导等多个方面，以提供有针对性的服务。高校可以通过设立专门的技术支持中心、配备专业的技术团队等，为教师在日常教学和科研中遇到的技术问题提供一对一的帮助；还要定期组织技术分享会，向教师介绍最新的数字化技术应用案例，帮助他们了解技术发展的动态。

教师在实际教学中遇到技术问题时，能够快速获得帮助至关重要。因此，高校应建立技术支持的快速响应机制，通过电话、邮件或在线咨询等多种渠道为教师提供即时服务。高校还应定期收集教师对技术支持的反馈，并据此调整服务内容和方式，提高服务的针对性和满意度。

三、建立高校数字化治理体系

数字化治理体系的构建是高校实现数字化转型和教师专业化发展的重要基础。通过完善的治理体系，高校能够有效协调数字化资源、规范教学与科研的数字化流程，同时激励教师在数字化环境中实现专业成长。以下从制度保障、管理架构优化以及教师与学生参与机制建设三个方面展开论述。

（一）构建健全的制度保障体系

科学合理的制度能够明确数字化治理的方向，规范各项工作的开展，为高校教师专业化发展提供稳定的制度支持。高校需要结合自身的实际情况制订针对数字化治理的中长期规划，明确数字化建设的目标、重点任务和实施路径，如在教学领域，通过数字化技术提高教学质量；在科研领域，突出数字资源的高效利用和创新研究的支持。高校需要结合教育政策及时更新发展规划，使其与国家教育数字化战略保持一致。

为了保障数字化治理体系的规范性和权威性，高校需要从制度层面为其提供支撑，如制定与数字化教学相关的考核机制，将教师对数字化工具的应用能力纳入绩效评估；建立数字资源管理条例，确保教学和科研资源的合法使用与合理分配；通过制定信息安全制度，保护学生和教师的隐私数据安全。这些制度的实施能够规范数字化治理的操作流程，也能够增强教师对数字化工具和资源的信任感。高校应建立严格的执行机制，确保数字化相关制度能够在教学、科研和管理中得到落实。通过定期的评估与反馈，高校可以发现制度实施中存在的问题并及时调整。通过调查问卷和座谈会等方式，高校可以了解教师在数字化教学过程中遇到的困难，并根据反馈优化制度内容。制度的动态调整能够提高治理体系的灵活性，更好地满足教师的专业化发展需求。

（二）优化高校数字化治理架构

通过优化高校数字化治理架构，可以更高效地协调资源、分配任务，推动数字化技术在教学与科研中的全面应用。高校可以成立技术支持团队、教学资源管理团队、数据分析团队，负责统筹规划和执行数字化相关事务。技术支持团队负责解决教师在使用数字化工具过程中遇到的技术问题；教学资源管理团队负责数字化教学资源的收集、整理和分配；数据分析团队通过对教师教学行为和学生学习行为的数据分析，为教学质量提升和资源优化提供依据。

在高校的数字化治理体系中，校级部门与院级部门应密切合作。校级部门负责制订数字化治理的总体规划与制度，院级部门则负责具体制度的执行与落实。校级部门可以统一部署在线教育平台的建设，院级部门则可以根据具体学科的需求，制订适合的教学实施方案。校院两级协同治理模式能够增强制度实施的针对性，提高数字化资源的利用效率。在数字化治理过程中，教师的教学需求与技术团队的专业支持密不可分。高校可以通过定期组织教师与技术人员的交流活动，搭建起双方之间的沟通桥梁。例如，在课程设计阶段，教师可以向技术团队提出关于平台功能和资源整合的具体需求；在课程实施阶段，技术团队可以为教师提供实时的技术支持。协作机制能够有效提高数字化教学的质量，提高教师对数字化治理体系的认可度。

（三）构建师生共同参与的数字化治理机制

在数字化治理体系中，教师与学生是教学活动的主要参与者，他们的反馈和参与对于治理体系的完善具有重要意义。通过构建多方参与的治理机制，高校能够更好地满足教学需求，提高治理的民主性和科学性。

教师是数字化治理的直接受益者，也是治理体系的重要参与者，高校可以通过设立教师代表委员会、组织专题研讨会等方式，让教师直接参与数字化治理的制度制定与实施。例如，教师可以通过委员会提出关于数字化教学平台改进的建议，通过研讨会分享数字化教学的实践经验。这不仅能够增强治理制度的合理性，还能够增强教师对治理体系的认同感。学生的学习需求是数字化治理的重要依据，高校可以通过学生反馈机制，了解他们对数字化教学模式的评价和建议。例如，通过在线问卷调查收集学生对教学平台功能的改进意见，通过学生论坛了解他们在数字化学习过程中遇到的问题。同时，高校还可以组织学生参与数字资源的设计与开发，使他们在学习中更具主动性和创造力。

数字化治理过程中，教师、学生和高校之间需要保持良好的沟通与协作。高校可以通过建立多方联动的反馈机制，及时发现并解决治理过程中存在的问题。反馈机制的构建能够提高治理效率，增强治理体系的透明度和公信力。通过在线反馈平台，教师和学生可以随时向管理部门反映问题；管理部门则可以通过反馈数据，分析并优化数字化资源的配置与使用。

第二节　教师主动适应与自我提升

在数字化趋势不可阻挡的时代背景下，高校教师作为教育教学的核心力量，需要外界的支持与引导，更需要自身积极主动地适应数字化变革，通过自我提升来实现专业化发展。

一、转变教育教学思维

（一）树立数字化教育理念

高校教师应深刻认识到数字化技术对教育教学带来的变化，即摒弃传统的以教师为中心的教学观念，树立以学生为中心、以数字化技术为支撑的教育理念。在传统教学中，教师往往是知识的传授者，学生被动接受知识。数字化时代，教师应该成为学习的引导者和促进者，利用数字化工具为学生提供丰富的学习资源，引导学生自主学习、合作学习和探究学习。教师可以通过在线讨论区、社交媒体等工具，组织学生进行交流和讨论，培养学生的合作能力和批判性思维。

（二）培养创新思维

数字化技术的发展为教育教学创新提供了广阔的空间，高校教师应培养创新思维，不断探索新的教学方法和模式，如采用混合式教学模式，将线上教学与线下教学相结合，充分发挥两者的优势；开展项目式学习，让学生在实际项目中学习和应用知识，提高学生的实践能力和创新能力；利用虚拟现实、增强现实等新兴技术创设沉浸式学习环境，增强学生的学习兴趣和学习效果。

（三）强化数据思维

数字化时代，数据是重要的教育资源。高校教师应强化数据思维，学会收集、分析和利用教学数据，为教学决策提供依据；还应善于利用数据挖掘技术发现学生学习过程中的潜在问题和规律，为个性化教学提供支持。

二、提高数字化教学实践能力

高校教师应熟练掌握多媒体课件制作工具、在线教学平台、教学评价工具等各种数字化教学工具，能够根据教学目标和教学内容选择合适的教学工具，增强教学效果。教师应积极参与精品课程录制、教学微视频制作、在线教材编写等优质数字化教学资源的开发，同时注重资源的质量和适用性，确保资源能够满足学生的学习需求。在录制精品课程时，教师应精心设计课程内容和教学方法，选择合适的拍摄场地和设备，确保课程的录制质量；制作教学微视频时，教师应突出重点和难点，采用生动有趣的教学方式吸引学生的注意力；编写在线教材时，教师应充分利用数字化技术的优势，丰富教材的内容和形式。

高校教师应积极开展数字化教学研究，探索数字化教学的规律和方法，为数字化教学实践提供理论支持。教师还应参与数字化教学改革项目，将研究成果应用于教学实践，推动数字化教学的发展。

三、加强职业规划与发展

高校教师应明确自己在数字化时代的职业定位，将数字化能力作为自己职业发展的重要组成部分。在数字化时代，高校教师除了需要具备扎实的学科知识和良好的教学能力，还需要具备良好的数字化素养和创新能力。教师应根据自己的专业特点和兴趣爱好，确定自己在数字化教学、数字化科研、数字化管理等方面的发展方向，制订相应的职业规划。教学型教师可以将重点放在数字化教学方法的研究和应用上，提高自己的教学水平；科研型教师可以将重点放在数字化科研工具的使用和数字化科研资源的开发上，提高自己的科研效率；管理型教师可以将重点放在数字化管理平台的建设和应用上，提高自己的管理能力。

数字化时代知识更新速度加快，高校教师应树立终身学习的观念，不断提高自己的专业素养和数字化能力，如通过参加线上学术会议、在线学术论坛、学术社交媒体等线上学术交流活动学习新的知识和技能，与国内外的同行进行交流和合作，了解学科前沿动态和数字化技术的发展趋势，拓宽自己的学术视野；积极开展跨校、跨学科合作研究，共同开展科研项目、撰写学术论文，整合不同高校和学科的资源以提高自己的科研水平和创新能力。

四、提高数字化时代的教育管理能力

教师作为教育教学的一线工作者，对高校的数字化建设和发展有深刻的体会和认识，能够提出具有针对性的建议。教师可以参与高校数字化教学平台的建设、数字化教学资源的开发管理、数字化教学评价体系的完善等多方面的建设，提供具有参考性的意见。高校教师在教学过程中要注意培养学生的数字化自我管理能力，引导学生利用数字化工具进行自我学习、自我管理和自我发展。

参考文献

[1] 郭晓笑 . 精进与卓越：高校教师专业化发展之路 [M]. 杭州：浙江大学出版社，2021.

[2] 杜思民，崔志勇 . 教师文化与高校教师专业发展研究 [M]. 郑州：河南大学出版社，2021.

[3] 刘君源，时俊卿 . 教师专业化发展策略 [M]. 北京：首都师范大学出版社，2006.

[4] 梁成艾 . 职业学校“双师型”教师专业化发展论 [M]. 成都：西南交通大学出版社，2014.

[5] 钱锋 . 微课程与教师专业化发展 [M]. 北京：中国科学文化音像出版社，2016.

[6] 王雯 . 职业教育教师专业化发展研究 [M]. 北京：新华出版社，2015.

[7] 孙晨红，张春宏，王睿 . 教师专业化发展与教师成长 [M]. 哈尔滨：东北林业大学出版社，2016.

[8] 王侠 . 全面发展教育理念下的教师专业化发展 [M]. 成都：电子科技大学出版社，2014.

[9] 杨万杰 . 我国高校教师专业化发展支持服务体系构建研究 [J]. 宜春学院学报，2024，46（4）：119–125.

[10] 殷娅，梅陶琳. 大学教师专业化发展的首要目标：课程实施能力 [J]. 玉溪师范学院学报，2012，28（11）：56–58.

[11] 马月成. 高校教师专业化发展的现状与困境 [J]. 科教导刊，2018（12）：66–67.

[12] 彭海燕. "互联网 + 教育"背景下高校教师专业化发展探究 [J]. 宿州教育学院学报，2018，21（6）：35–37.

[13] 姚伊忱. 高校教师专业化发展和内涵式建设之浅析 [J]. 大学教育，2017（12）：176–178.

[14] 郭庆斌. 教学反思与高校教师专业化发展 [J]. 长江大学学报（社会科学版），2010，33（3）：292–293.

[15] 李琰. 高校教师专业化发展的探讨 [J]. 吉林工商学院学报，2010，26（1）：119–120.

[16] 范银红. 教育信息化对高校教师专业化发展的影响 [J]. 品牌研究，2018（2）：216，218.

[17] 尤妤冠. 高校教师专业化发展存在的问题及对策研究 [J]. 吉林工程技术师范学院学报，2013，29（5）：44–45.

[18] 辛丹. 高校教师专业化发展问题及对策 [J]. 教育与职业，2014（26）：77–78.

[19] 崔秀明. 中国高校教师专业化发展及其策略研究 [J]. 中国科技信息，2009（21）：200，205.

[20] 林健，林喜庆. 高校教师专业化发展的困境与对策 [J]. 漳州师范学院学报（哲学社会科学版），2013，27（2）：131–136.

[21] 陈春，刘志芳. 高校教师专业化发展问题研究的文献综述 [J]. 吉林广播电视大学学报，2022（2）：124–126，129.

[22] 朱丽. 网络时代下高校教师专业化发展的挑战及应对 [J]. 亚太教育，2016（7）：180–181.

[23] 丁浩格. "互联网 + 教育"环境下应用型高校教师专业化发展策

略研究 [J]. 教育观察，2017，6（15）：54–55.

[24] 文晓晓，温锡炜 . 反思视角下高校教师专业化发展的路径选择 [J]. 继续教育研究，2014（4）：66–68.

[25] 张彦秋 . 我国高校教师专业化发展的现实思考 [J]. 世纪桥，2014（4）：70–71.

[26] 李晓菁 . 基于学校和个人层面的高校教师专业化发展动力和障碍因素分析 [J]. 黑龙江教育学院学报，2010，29（4）：36–37.

[27] 程燕萍 . 高校教师专业化发展问题研究 [J]. 文理导航（中旬），2019（3）：73–74.

[28] 王晓玉 . 高校教师专业化发展必备的几项信息技术 [J]. 中国现代教育装备，2009（17）：16–18.

[29] 玛丽亚木·玉苏甫江 . 泛在学习视域下高校教师专业化发展研究 [J]. 现代职业教育，2021（43）：110–111.

[30] 周佳 . 试论高校教师的专业化发展 [J]. 科教导刊（中旬刊），2014（8）：42，58.

[31] 王红磊 . 教育信息化环境下高校教师专业化发展策略研究 [J]. 兰州教育学院学报，2012，28（8）：80–81.

[32] 李霞 . 普通高校教师的专业化发展探析 [J]. 内蒙古农业大学学报（社会科学版），2010，12（1）：94–96.

[33] 桂树飞 . 推动高校教师专业化发展的思考 [J]. 文教资料，2007（24）：43–45.

[34] 宋文红 . 我国高校教师专业化发展模式的系统建构 [J]. 山东高等教育，2015，3（6）：44–52，2.

[35] 张沛祯 . 试述高校教师专业化发展的趋势 [J]. 时代教育，2015（23）：269.

[36] 邢媛，闫智勇 . 应用型大学教师专业化发展内部保障要素量化研究 [J]. 中国职业技术教育，2017（21）：92–96.

[37] 杨鹏 . 高校教师专业化发展的现状探究 [J]. 时代教育，2016（1）：249.

[38] 张晓辉，陈天飞，马红标 . 教学反思对促进高校教师专业化发展的重要性探讨 [J]. 当代教育实践与教学研究，2016（5）：129–131.

[39] 陈娟娟 . 生态学视野下的高校教师专业化发展 [J]. 中国校外教育（理论），2007（10）：69.

[40] 刘小丹 . 浅谈高校教师专业化发展 [J]. 教书育人，2010（9）：68–69.

[41] 余宏亮 . 高校教师专业化发展：实然困境与应然追求 [J]. 阜阳师范学院学报（社会科学版），2009（4）：129–131.

[42] 何土荣 . 从机制创新上实现高校教师专业化发展 [J]. 黑龙江省政法管理干部学院学报，2003（4）：119–120.

[43] 费振新，卢跃青 . 试论科研与高校教师专业化发展 [J]. 教书育人，2008（15）：78–79.

[44] 王洋，尹德志 . 高校教师专业化发展存在的问题及对策研究 [J]. 改革与开放，2015（4）：97–98.

[45] 李晓菁 . 双维度高校教师专业化发展策略研究 [J]. 教书育人，2010（18）：68–69.

[46] 张再生，张春瀛 . 我国高校教师专业化发展研究与对策 [J]. 天津师范大学学报（社会科学版），2010（4）：73–76.

[47] 黄亮 . 浅谈高校教师专业化发展及师资队伍建设 [J]. 黑龙江科技信息，2009（31）：177.

[48] 崔英锦 . 高校教师专业化发展的结构主义分析 [J]. 中国高教研究，2009（9）：79–80.

[49] 杨小峻 . 专业精神：高校教师专业化发展的基点 [J]. 黑龙江高教研究，2007（8）：96–99.

[50] 朱晓莹，林喜庆 . 新时期高校教师专业化发展浅析 [J]. 湖北经济

学院学报（人文社会科学版），2005，2（7）：158–159.

[51] 孟中媛 . 高校教师专业化发展的国际比较与思考 [J]. 教育探索，2007（3）：121–122.

[52] 杨旸 . 推动高校教师专业化发展之我见 [J]. 天津市财贸管理干部学院学报，2009，11（1）：64–65.

[53] 张茜 . 强化职前培训 促进我国高校教师专业化发展 [J]. 中国成人教育，2011（18）：119–121.

[54] 闫华 . 构建教育信息化资源环境　促进高校教师专业化发展 [J]. 中国教育信息化，2007（19）：63–65.

[55] 张伟平 . 入职教育在高校新入职教师专业化发展中的作用及应用 [J]. 开封教育学院学报，2018，38（3）：134–135.

[56] 孟然 . 教育信息化背景下的高校教师专业发展 [J]. 教育与职业，2016（21）：81–83.

[57] 杜洁，黄基秉 . 以教师为本的现代大学绿色发展战略：兼论高校教师专业化 [J]. 西华大学学报（哲学社会科学版），2009，28（5）：100–102，128.

[58] 张学林 . 完善教师发展体系促进高校教师专业化成长 [J]. 课程教育研究：学法教法研究，2017（29）：256.

[59] 杨琼，姜中杰，郭兰华 . 生态取向下高校青年教师专业化发展研究 [J]. 当代教育实践与教学研究（电子刊），2018（9）：585.

[60] 张令勇，张磊 . 高校就业指导课教师专业化发展的思考 [J]. 知识经济，2015（9）：150.

[61] 李宇凯，张心宇，蒋洪池，等 . 高校青年教师专业化发展策略探究 [J]. 学校党建与思想教育，2013（26）：79–80.

[62] 吴红珊，张泓 . 高校青年教师专业化发展及其培养机制探析 [J]. 创新与创业教育，2015，6（4）：146–148.

[63] 俎文红，黄春丽 . 民办高校青年教师专业化发展对策研究 [J]. 现

代商贸工业，2012，24（24）：185–186.

[64] 俞海侠 . 高校心理健康教育教师专业化发展的问题与对策 [J]. 长春工业大学学报（高教研究版），2012，33（1）：52–53，106.

[65] 张英丽，刘志伟 . 浅谈高校教师专业化的困境与发展策略 [J]. 高校招生（理论研究），2010（1）：36，39.

[66] 罗晶 . 应用型高校“双师型”教师专业发展路径探析 [J]. 海峡科技与产业，2023，36（1）：72–74.

[67] 凌伟，严沛霖 . 实践共同体：高校支持教师专业发展的梁溪样态 [J]. 江苏教育，2022（78）：7–11.

[68] 赵莹，邱伟芳 . 人工智能视域下高校教师专业发展的实践转向 [J]. 继续教育研究，2023（9）：71–75.

[69] 王家颖 . 应用型本科高校创业教师专业发展探究 [J]. 三明学院学报，2023，40（1）：109–115.

[70] 闵祥晓，蒋先进 . 浅谈高校教师的专业化与专业能力建设 [J]. 中国校外教育，2011（20）：48–49.

[71] 王慧，栾添，杜锐 . 教师专业发展视域下地方高校教师职业成长激励机制研究 [J]. 职业技术教育，2021，42（29）：42–46.

[72] 彭丹 . 开放大学教师专业化发展的社会支持体系构建 [J]. 教育现代化，2022，9（8）：8–11，15.

[73] 唐瑶 . 专业化背景下高校教师职业道德的审视与养成 [J]. 吉林工程技术师范学院学报，2020，36（11）：1–4.

[74] 杨盈盈，唐东海 . 新时期高职院校教师专业化发展探析 [J]. 广西广播电视大学学报，2020，31（6）：87–90.

[75] 王建，詹恩 . 高校教师专业发展服务支撑体系存在的问题与对策研究 [J]. 教育观察，2021，10（41）：60–62，69.

[76] 陈熔，朱明苑 . 高职院校青年教师专业化发展现状与对策 [J]. 教育与职业，2020（1）：73–78.

[77] 沈胜林 . 教师专业化发展模式的特征及构建 [J]. 教育科学论坛，2019（35）：31–35.

[78] 王锐丹 . 高校教师专业发展中的“学术性”与“社会性”协同 [J]. 邢台学院学报，2020，35（1）：73–76.